新时代大学生素质教育丛书

总主编 / 周洪宇

# 青春成长解惑
## 大学生素质教育答问

宋健　编著

华中科技大学出版社
http://press.hust.edu.cn
中国·武汉

## 内容提要

大学生活是青年增长智慧、锤炼品质、发展个性的重要场域，但也时常伴随着困惑、不安、懈怠等负面状态。

本书梳理了当代大学生普遍遇到的多个问题，以"生活·实践"教育理念为依据，通过学生自述、问题剖析、案例分析等方式，引导学生进行自我追问和积极行动，帮助学生正确面对大学生活中的"疑难杂症"，从而形成健全的人格和成熟的心智，实现由"被动成长"向"自主成才"的转变。

本书适合学生工作管理者、高校师生以及关心学生日常成长的社会读者阅读。

**图书在版编目(CIP)数据**

青春成长解惑：大学生素质教育答问 / 宋健编著. -- 武汉：华中科技大学出版社，2024.8. -- (新时代大学生素质教育丛书). -- ISBN 978-7-5772-1217-3

Ⅰ.G640-44

中国国家版本馆 CIP 数据核字第 20244FF085 号

---

**青春成长解惑：大学生素质教育答问**　　　　　　　　　　　　　宋　健　编著
Qingchun Chengzhang Jiehuo: Daxuesheng Suzhi Jiaoyu Dawen

| | |
|---|---|
| 策划编辑：周晓方　杨　玲　庹北麟 | |
| 责任编辑：唐梦琦 | |
| 封面设计：廖亚萍 | |
| 责任校对：余晓亮 | |
| 责任监印：周治超 | |
| 出版发行：华中科技大学出版社（中国·武汉） | 电话：(027) 81321913 |
| 　　　　　武汉市东湖新技术开发区华工科技园 | 邮编：430223 |
| 录　　排：华中科技大学出版社美编室 | |
| 印　　刷：武汉科源印刷设计有限公司 | |
| 开　　本：710mm×1000mm　1/16 | |
| 印　　张：11.75　　插页：1 | |
| 字　　数：181 千字 | |
| 版　　次：2024 年 8 月第 1 版第 1 次印刷 | |
| 定　　价：49.80 元 | |

本书若有印装质量问题，请向出版社营销中心调换
全国免费服务热线：400-6679-118　竭诚为您服务
版权所有　侵权必究

/ 新时代大学生素质教育丛书 /

# 总 序

素质教育,是以全面提高人的基本素质为根本目的,以人的性格为基础开发人的智慧潜能,以形成人的健全个性为根本特征的教育,是具有中国特色的现代教育思想与教育模式。发展素质教育,是新时期经济社会发展和人自身发展的实际需要,也是贯彻落实党的教育方针、落实立德树人根本任务的实践要求,旨在培养堪当民族复兴重任的时代新人。

《中共中央关于进一步全面深化改革 推进中国式现代化的决定》指出:"教育、科技、人才是中国式现代化的基础性、战略性支撑。必须深入实施科教兴国战略、人才强国战略、创新驱动发展战略,统筹推进教育科技人才体制机制一体改革,健全新型举国体制,提升国家创新体系整体效能。"其中,科技是第一生产力,人才是第一资源,创新是第一动力。

"生活·实践"教育,以习近平总书记的实践育人指示和精神为指导,以陶行知的生活教育学说为理论依据,针对教育与生活、学校与社会、教学与实践脱节的现实弊端,着重培养具有中国心、全球观、现代性的全面发展的高素质时代新人,对于落实立德树人根本任务、深化教育教学改革、推动教育高质量发展，以及实施科教兴国、人才强国、创新驱动发展战略具有重要的现实意义。

基于新时代素质教育深入实施的现状，"生活·实践"教育提出了"新素质""新素质教育"的教育改革理念。它上承陶行知生活教育运动，中接国家素质教育行动，下启新时代素质教育实践，承担着传承历史和创新发展的时代使命，是对党的教育方针的贯彻落实，是新时代发展素质教育的中国探索和中国方案。

本丛书以"生活·实践"教育和"新素质""新素质教育"理念为依据，探索新时代大学生素质教育的出路。针对当前大学生素质培养过程中存在的教育与生活脱节、学校与社会脱节、教学与实践脱节等问题，通过阐释新时代大学生素质的构成，界定新时代大学生"新素质"的内涵与外延，以新范式培养大学生新素质，即开展大学生新素质教育。

这套新时代大学生素质教育丛书一共包含三册：《面向"生活·实践"：大学生素质教育导论》《青春成长解惑：大学生素质教育答问》《以成长陪伴成长：大学生素质教育案例》。

《面向"生活·实践"：大学生素质教育导论》力图深入解读新时代大学生素质教育的时代内涵、根本任务，剖析当代大学生素质教育存在的困境，构建新时代大学生素质体系，明确大学生素质培养目标，阐释新素质教育的培养范式、保障体系等，从宏观、中观、微观层面，遵循高等教育阶段人才培养规律，系统、全面地呈现大学生新素质教育理念、大学生新素质培养过程。

《青春成长解惑：大学生素质教育答问》以真实案例为基础，针对大学生普遍出现迷茫、倦怠等问题和困惑，通过讲述故事、分析问题、真实再现的方式，在真实情境中呈现大学生素质教育实施过程中的痛点、难点问题，并进行剖析、解答，进而帮助大学生树立正确的世界观、人生观、价值观，养成健全的人格和成熟的心智，提升成长所需的综合能力，完成从"被动成长"向"自主成才"的转变。

《以成长陪伴成长：大学生素质教育案例》讲述的是大学生的支教故事，描述大学生如何在支教活动中培养社会责任感和使命感，如何培养独立面对挑战的勇气、解决各种困难的能力。在与乡村学校孩子们的相互守望中，大学生与所支教学校的孩子都得到了成长，是"以成长陪伴成长"的美好诠释。支教，作为新素质教育服务性实践的重要活动之一，比较完整地呈现了大学生素质培养的过程和路径。

高等教育是建设教育强国的龙头，是教育、科技、人才的重要结合点。在国家经济社会的发展中，高等教育起到关键推动力、主要贡献者、重要策源地的作用。大学生应主动担起时代重任，积极锤炼本领，成为堪当民族复兴大任的社会主义建设者和接班人。习近平总书记在2023年新年贺词中指出："明天的中国，希望寄予青年。青年兴则国家兴，中国发展要靠广大青年挺膺担当。年轻充满朝气，青春孕育希望。广大青年要厚植家国情怀、涵养进取品格，以奋斗姿态激扬青春，不负时代，不负华年。"这是对新时代中国青年的美好期待和殷切嘱托。

在改革开放和社会主义现代化建设的新时代，大力发展大学生素质教育、提高大学生素质培养成效，培养德智体美劳全面发展、堪当民族复兴大任的社会主义建设者和接班人，服务强国建设和民族复兴伟业，是我们编写本丛书的初衷。期待本丛书的出版，能为此稍尽绵薄之力。

**2024 年 5 月于武汉东湖之滨**

# 前　言

　　这本小册子的完成，来自一个偶然的契机，更源于对生活和实践教育长期的思考和探索。

　　先说说偶然契机吧。那是2019年8月5日，我刚刚结束素质班贵州支教10周年的庆典活动。一回到武汉，爱奇艺《烈火青春启示录》策划组就找上门来，说想请我结合即将播出的电视剧《烈火军校》，谈谈有关青少年成长的话题，预计录制13期节目。因为时间紧、任务重，所以在与策划组反复沟通后，我最终确定了6个话题。随着电视剧的热播，这6个话题引起了很大的反响，关注度也很高，对青少年的成长起到了积极的引导作用。5年过去了，我一直想把这些话题继续讲下去。于是，我让同学们广泛收集青年群体感兴趣的话题。在收到的近50个话题中，我与一群志同道合的辅导员经过多次讨论，最后确定了20个话题，在对文字内容进行多次修改与完善后，这本小册子最终顺利落地，我把它取名为《青春成长解惑：大学生素质教育答问》。再说说长期思考和探索。前文提到的素质班，其完整名称是湖北经济学院大学生综合素质培养班，创建于2005年3月。在与素质班团队一起成长的近20年时间里，我得以近距离地感受每一个个体不同的困惑，与素质班同学一次次的集体交流、个别对话，让我更加全面立体地观察到青春个体的真实面貌。随之而来的是，很多打听到素质班的学生、家长、老师也带着问题来找我，这让我越来越感觉到青春成长这门课有其必要性和紧迫性。

我看到了学生们青春活泼的一面，他们积极乐观、善良有爱、质朴勇敢，富有激情和创造力，同时也看到了他们压抑沉重的一面，有的在生活中显得木讷，有的对待学习充满焦虑，甚至有人深度抑郁，产生轻生的念头。青春成长的烦恼，既是学生们绕不过去的坎，也是我们教育工作者常谈的永恒话题，备受成长主体、家长和社会的关注。下面是3个学生的真实案例，从中可以体会他们在成长中遭遇的一些困惑和烦恼。

"我没有朋友，小时候的康同学、高中的王同学，是少有的两个跟我还算亲密的朋友了。但现在我们都走散了，不联系了。其余的（同学）更是不必说。我不知道该怎样与人交往，听不出来别人说的话是真心话还是玩笑话。我也不会开玩笑，性格古板而木讷。想象过如果我未来结婚时，甚至可能连一个伴娘也没有。"说这些话的同学已经深陷于自我怀疑中。

"我真的受够了，金钱、美貌、朋友、成绩等，样样没有的我，常常忍不住怀疑自己。我很迷茫，既然没有光明的未来，现在的努力又有什么意义呢？"她也曾试图说服自己："后来，我懂了，我活过，我享受过阳光、草地、花朵、空气，我的一辈子已经经历了足够多的美好。与其以后再往里倒苦酒，不如就停在我幸福的最后一刻。我活过就够了，谁也不知道我在意的、需要的，是陪伴、理解、关注与爱。人是群居动物，离不开社会，可我已经脱离同学、脱离家庭、脱离群众。说是生活在人群中，心却似在孤岛上。我不想给人添麻烦，可我的存在本身就是个麻烦。生而为人，我很抱歉。可我想要的不过是拥有一段正常的社交关系，想像别人一样大胆交朋友，恣意地生活。"这看似琐细凌乱的话语，正是她挣扎的内心。

下面这段文字，出自某高校一位大三学生之手："那美丽和谐的校园，多少人望眼欲穿！深入其中后才渐渐发现，一个噩梦的结束竟然是另一个噩梦的开始。曾经意气风发、信誓旦旦、充满幻想地以为这里便是苦难的尽头、人生的开始。且行且看，才走几步，惊觉其原为外表华美的天堂。

寻寻觅觅，跌跌撞撞，冷冷清清，最可悲的是失去想象，和之前有何两样！站在灰天下仰望，星月却依旧明亮。有一种孤单的无奈，据说称为'成长'。"

还有某高校一位大四学生在毕业论文的后记中写道："大学四年，我是如何成为此刻的我的？大一是渴望新世界的天真热烈；大二是迷茫和倦怠，开始一遍遍怀疑自己；大三是撕裂的一年，现实的阴影向我砸来；很难用具体的词来形容大四，它是对旧生活的不耐烦和疲惫，是以一种不负责任的轻佻开启新生活的决心。我一边呼唤着未来，一边清楚地认知着一个朴素的真理：生活不过是一次次的重复。不知从何时开始，我习惯于放任自己身上的喜剧特质，以一种自毁又自恋的心态潦草地应对生活，享受一次次坠落的失重感。这会让人上瘾。但，还好，有些人和有些事把我给托住了。"

我们必须明白，谁的青春不烦恼？如果真的如人所愿永远地风平浪静，反倒是一件让人担心的事。成长的烦恼具有不可回避性，其表现为各种冲突和矛盾，比如理想与现实、诗意的栖息与世俗的生存、欲望的本能与文明的法则、丰富敏感的心灵世界与贫乏单调的生活领域等。有些困惑看似是事务层面的，如职业选择、财富处理、社会实践等，但更多的是精神层面上的困扰，如心理失控、内心孤独、梦想受挫、精神萎靡等。这些困扰甚至会演变为某种精神危机。愈是情感丰富的人，感受到的困扰愈是持久和深刻。因此，跟青年人谈一谈成长的事，显得尤为重要，就像前面这位大四毕业生所说的那样，需要有些人、有些事把困惑的成长主体"托住"。

教育不是确保正值青春的孩子远离危险、避免迷茫、不出问题，教育是为了帮助孩子在未来学会面对危险、面对问题。教师的责任，就是帮助每个青春期的孩子健康地度过这个关键时期，去帮助他们寻找最好的自己。培养堪当民族复兴重任的、德智体美劳全面发展的社会主义建设者和接班人，不是站在学生个体的立场上单一地发展学生的才艺和素养，更不是给应试教育补偏救弊或粉饰太平，而是站在为党育人、为国育才的价值立场上，在落实发展素质教育要求的过程中，跳出分数本位、升学本位、学校本位、区域本位，着力拓展和提升青少年素质，引导他们勇担重任，帮助他们实现美好生活。

  这本书由两个部分构成。上篇所展示的，是素质班发展过程中 4 次大型辩论的主体内容，除了对具体姓名做了一点处理之外，基本保持了辩论内容的原貌。需要说明的是，这并不是有意组织的辩论活动，而是素质班人秉持开放包容的传统，围绕一些发生在素质班内的争议事件，在相互尊重的前提下各自发表的意见和建议。辩论活动在素质班里是常有的，素质班鼓励学生大胆地思辨，即使是已经毕业的学生，也会加入辩论中来。这些辩论不仅仅关涉某一人某一事，更是关涉成长中普遍遭遇的一些问题。这些问题或许没有标准答案，却始终等待着人们去解答。本书的呈现方式，或许很散乱，不成体系，但它们是真实且具体的，可以生动地展现一个个成长主体是如何理解自身处境的。下篇所探讨的，是青春成长中 20 个具有代表性的问题，涉及价值塑造、品格养成与能力提升等各方面，深入探讨学生在实际的生活、成长路程中，应如何建构自己的未来，达成健全的人格、成熟的心智，并创造美好的生活。对每个问题的分析，都由案例导入、问题探讨、老师评说、学生感悟 4 个部分构成，其中的"学生感悟"多来自素质班同学的个人体会。

  教育是需要倾注爱的事业，无论是在做学生工作的过程中，还是在开展素质教育的实践中，都能遇到鼓舞人心的工作团队。本书的完成要感谢金艳、石凤、赵俊涛、徐展、宋爽、付裕、李珺、徐浪、刘志远、黄晗、刘超、蒋玥、周博等，他们提供了具有建设性的建议。本书的话题是关于成长的，它也促成了我的成长，希望它也能为你的成长提供启示。因水平有限，书中难免有不足和错漏的地方，还请大家批评指正！

# 目 录
*contents*

### 上篇：生活实践中的思辨

一、素质班的培养能给我们带来什么？ ……………………… 5
二、扫除活动这样的小事值得去做吗？ ……………………… 19
三、什么样的支教才值得去做？ ……………………………… 25
四、"为成长加分"还是"为考试加分"？ …………………… 45

### 下篇：青春成长中的探寻

一、自我未来建构 ………………………………………………… 64
  1. 我们要怎样的诗和远方？ ………………………………… 64
  2. 我们为什么会无聊？ ……………………………………… 69
  3. 艺术教育有那么重要吗？ ………………………………… 75
  4. 为什么会感到"容貌焦虑"？ …………………………… 81
  5. 我们失掉阳刚之气了么？ ………………………………… 86
  6. 如何撕掉"后进生"的标签？ …………………………… 90

7. 如何学会与自己相处? ………………………………… 97
  8. 快感缺失怎么办? ……………………………………… 103
  9. 如何学会与过往和解? ………………………………… 110
  10. 怎样实现高质量陪伴? ………………………………… 115
  11. 如何拥有高质量的恋爱? ……………………………… 120
  12. 如何对待媒介的"青春误导"? ……………………… 126

二、社会担当 ……………………………………………… 131
  13. 社会实践价值几何? …………………………………… 131
  14. 扶贫还是扶智? ………………………………………… 137
  15. 见义勇为还是见义智为? ……………………………… 142

三、创造美好生活 ………………………………………… 147
  16. 我的人生谁来主宰? …………………………………… 147
  17. 怎样做到平凡而不平庸? ……………………………… 152
  18. 大学生人际交往有哪些困惑? ………………………… 157
  19. 考研是你只能选择的路吗? …………………………… 162
  20. 躺平即正义吗? ………………………………………… 167

附:"湖北经济学院大学生综合素质培养班"培养方案 …… 171

# 上篇

## 生活实践中的思辨

素质班是一个具有高度包容性的组织，它秉承"自愿、诚信、意志"的培养要求，接纳每一个认同素质班教育理念和培养方案的学子。素质班也是一个充分开放的组织，不同学院、不同专业的学生聚集在这里，针对特定的活动或问题，反复地商讨和辩论，进行思想的交流和碰撞。

一万次的知识灌输，不如一次内在的唤醒。在雅典城邦里，辩论之风盛行，先哲苏格拉底便常常在公众场所与有智慧的人进行辩论，他在辩论中显示出了强烈的批判精神，以及鼓励人们追求真理的态度。他不是在教唆青年去打破社会习俗的规约，而是在鼓励青年更勇敢地面对真相，重新唤醒他们对生活的追求，激发他们对生命的崇敬，进而实现对人的生命意义的真正辩护。

素质班内的辩论并非有意组织的正式辩论活动，而是在面向生活与实践的自我教育中，因一些具体事件而引发的集体困惑或思考。一个好的组织，要能够接受和包容不同的思想。对来自任何一个人——无论是来自班级内部还是外部——的质疑乃至批评，素质班都秉持鼓励和接纳的态度，这既是一种由内而外的自信，也是一种宽阔的胸怀。辩论虽然是由某一事件引起，但在大家公开辩论的过程中，这一具体事件就被超越了，进而上升到对思维的磨炼与对自我的探索中，这恰恰是最好的教育。正如《面向"生活·实践"：大学生素质教育导论》中所提到的，大学生要成为具有健全人格、成熟心智的时代新人。而哲学思维作为心智成熟的重要表现，能够引导我们深入探寻人生的奥秘，点燃智慧的火花，从而洞见世界的本质与意义。大学生应具备这种质疑和分析的能力，懂得并善于思考道德问题和心理问题，能甄别是非、明辨黑白，要能用更宽广的视角、更包容的态度看待人们不同的生活经历。墨子言："夫辩者，将以明是非之分，审治乱之纪，明同异之处，察名实之理。"质疑的声音多一些，争论多一些，思路才会更加明晰，视野才能更加广阔，行动才能更加坚定。

20年来，社会的发展未曾止步，素质班的思辨也从未停止，素质班开展辩论活动的"公共场所"，从最初的BBS论坛拓展到如今的微信群。辩论的成员也从80后延续到90后再传递到00后，新老成员之间的辩论活动搭建起了学校与社会之间沟通的桥梁，推动了每一位成员的个体成长和素质班的健康发展。正是因为关注和热爱这个集体，即便是已经毕业离校的成员，也仍然保持着对素质班发展的关注。

关于素质班成长问题的讨论和辩论活动有很多，下文展示的是其中具有特殊意义的4次辩论。

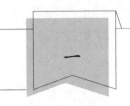

# 一 素质班的培养能给我们带来什么？

（2013 年 5 月 11 日）

　　网络论坛又名网络社区，英文简称 BBS（bulletin board system），是网络上的一种电子信息服务系统。论坛的主要功能是提供一块公共电子白板，用户可以在上面自由发布主题和回复帖子。论坛的内容多变，具有极强的交互性。我国第一个 BBS 站点创建于 1991 年，随后建立起来的具有代表性的论坛有"水木清华 BBS""天涯社区""猫扑网"等。

　　素质班创办于 2005 年 3 月，当时正处于互联网高速发展和 BBS 兴起的黄金期，"楼主""斑竹"等各类网络词汇层出不穷。"山水藏龙 BBS"正是湖北经济学院大学生们的交流与争鸣之地。在这种背景下，素质班的成员们围绕班级内外的许多事件展开了热烈的讨论。

　　事件背景：2013 年 5 月 11 日下午，素质班举办了第五届素质班成员与素质班创始人宋健老师的见面交流会。这是素质班自创办以来就有的传统，每一届新加入素质班的成员都会与宋老师进行面对面交流，宋老师也会在交流中为成员答疑解惑。交流会后，有一位同学对交流会上提出的一些观点表示质疑，于是在山水藏龙 BBS 上发帖表达自己的看法，由此引发了素质班成员的广泛关注和热烈讨论。以下是各个"楼层"的发帖情况。

**一楼（楼主）：**

您好，我是第五届素质班里的一名成员，昨天下午有幸参加了素质班举办的大一新生和宋健老师的交流会，请原谅我当时在场的情绪并不好。首先，关于宋健老师的一些思想观点，我有些疑问，很想问出来，却频繁被别人抢先提问。加上晚上六点半就要去光谷上英语课，本来计划是五点半听完就去上课的，但活动却拖到了六点，结果我的问题没能问出来，上课也迟到了。

现在我把这个问题提出来，希望宋健老师和素质班的班委能帮我解答。宋健老师提到，自己曾经在博文中对应试教育有些反思，对我们金融学院的金试/金创班也存有质疑，他认为创建所谓的"拔尖班"，既不符合教育规律，又有失教育公平。但我感觉，我们金融学院有一些很优秀的学长学姐，比如擅长数学建模的，获得科研立项的，考取国内外名校研究生的，很多就来自这些班级。他们大多成绩优异，专业知识扎实，有些人甚至通过自身的努力，改变了自己二本院校的出身，成为一位名校研究生。

我总能听到"牛人"这两个字，我自己也和金融学院很多优秀的人有过接触，在素质班的群里我也经常听到"谁谁谁'很牛'"的说法，我感觉你们对于某个人"很牛"的定义更倾向于那些热衷于创业、能赚很多钱的素质班成员。而在我眼里，湖北经济学院的"牛人"是我们金融学院那些擅长数学建模、获得科研立项、考取国内外名校研究生的学生，请问在素质班人的眼里，什么人才是"牛人"？

昨天宋健老师说，你出去找工作，一本《大学记忆》[①]就有足够的竞争力，素质班的很多学生就是通过《大学记忆》打动了一个个用人单位的面试官。难道一本《大学记忆》的力量就能超过名校的研究生文凭？在我眼里，一个真正的金融人才，是拥有高学历、精通多门语言、熟练操作计算机和具有扎实的专业知识的人，我自己肯定还达不

---

① 即素质班班刊。

到刚才所说的全部要求，但我觉得若能拥有其中一到两项，就可以让我在社会上立足。《大学记忆》能和这些进行竞争吗？

我参加过一些其他的社团，在我眼里，这些社团也很优秀，可昨天这场交流会让我感觉到素质班人口中的素质班是无懈可击的，是我们学校最优秀的社团。一味地强调自己社团的优秀，这也是很多社团的通病。

**二楼林同学（第四届）：**

素质班的核心竞争力，之前我们总说是我们的"二十条"，现在我越来越觉得，应该是每一个"忙起来，学起来，快乐起来"的素质班人，只有每一个素质班人的强大，才是素质班真正的强大。

素质班人的核心竞争力是什么？我们一直在说，执行力是我们的核心竞争力。现在的我越来越觉得，思考力才应该是我们素质班人的核心竞争力。执行力，是一种服从和完成的能力；思考力，却可以带来创造和升华。

我们一直强调"追随我心，成为自己"，但有多少人能清楚"我心"是什么，或许它更多时候呈现出来的是一种随波逐流的状态；有多少人想成为自己，最终却发现自己根本就不喜欢现在的自己。

我相信素质班依然走在成长的路上，有过人之处，也有不足。我们需要认识自己的不足。

素质班和你们一样，依然在路上。希望这种质疑的声音多一些，更希望我们能够将感悟化作行动。我们不求改变世界，而应该努力改变自己，多一些务实，少一些形式，多一些思考，少一些浮躁。

**三楼邓同学（第二届）：**

认真看完你的帖子后，我认为写得很好。不仅很详细地写出内心的疑惑，而且也具备一定的代表性。先说几点我的看法，或许能让你从另一个角度来思考这些问题。

① 在对一个事物的正反面做出判断前，首先必须深刻地了解它。要想真正地了解一个团队、一个人和一段历史，就要从最基本的层面

开始。说到素质班，你需要去看看 BBS 中的精华帖，比如素质班的简介，还可以去阅读我们的班刊《大学记忆》，尤其是其中的卷首语和特别策划。

② 充分了解素质班所倡导的教育理念和大学应试教育的关系。创办素质班的初衷，是宋老师不满足于多年的应试教育从业经历。单纯的应试教育已经成了培养"人才"的模型，成了流水线。素质班以素质教育为核心而建立，不是为了取代应试教育，而是作为它的一个有益补充。其实从这个定位上来看，我们已经肯定了应试教育应有的地位，但素质班能够让我们学到更多在课堂上、在教材里学习不到的东西，比如培养良好的习惯、广泛开展社会实践、增强独立意识等。你所提到的金试/金创班以及其他社团的优秀学长学姐，他们当然很优秀，而且很多人比我们优秀得多。虽然他们和素质班没有任何关系，但是我们仍然可以彼此认同。而且我相信，你能看到如今很多大学生在大学期间迷茫、消极、无聊、不知所措，难道真的都是因为他们不思进取、不求上进吗？并不尽然。应试教育是一种培养人才的有效途径，但它的成材率太低。宋老师作为一个深爱教育事业、爱学生的老师，他肯定希望学生可以付出更少的艰辛，学到更多的东西，成长得更快、更全面，而素质班在这方面的意义不可磨灭。

③ 何谓"牛人"？大学教育实际上是学生社会化的过程，我认为，一所优秀的大学就是能够让选择它的学子在 4 年的学习之后快速地融入社会，并在各自的岗位体现出自身价值，得到社会的认可。价值靠什么来体现？回到老宋（指宋健）的原话，我们只有实现了物质自由，才能赢得人身自由和尊严自由。能赚钱，让赚到的每一分钱都流淌着道德的血液，这本身就是一件值得自豪的事情。金钱并不世俗，也不肮脏。再来看你关于"牛人"的疑问，就很好理解了，能够快速实现社会价值的人，就是"牛人"！

④ 最后一个问题，素质班的缺陷有哪些？其实一直到现在，我们也在不断反思，因为任何事物都不可能完美无瑕，更何况素质班还只有 8 岁，更何况我们还是一个成长型的团队。第二届的陈学长曾经在

2011年写过一篇超过5000字的分析文章,对素质班的优缺点做了综合性的分析,如今过了2年多,他在和我们聊天的过程中又提出,他近期将会再次拿出一篇更系统的文章来阐述素质班的理念和历史,因为和两年前相比,素质班又在前进的道路上迈出了几大步!而宋老师之所以如此肯定素质班,我特别理解,原因很简单,一则因为宋老师太爱素质班了,这里凝结了他太多的心血,有哪个父亲会嫌弃自己的儿女不好的地方呢?一则因为素质班相比其他高校社团而言,的确有它特有的气质和竞争力,至于是什么,我相信只要你也同样爱着它,迟早会自己找到这个答案的。

**四楼何同学(第四届):**

作者提出的疑问,其实在这个团队中一直都存在。我仅结合自己的理解说说看法。

关于应试教育的好坏,争论之声从未间断,这个问题实际上是关于大学的价值取向的。回到问题上来,作者所言高等教育阶段的应试教育,是培养了一些精通专业、专注科研、拥有高学历高文凭的优秀学姐学长。其一,这样的学生有多少是自己真心想走这条路的?其二,我们学校作为一个教学型财经院校,3万多名学生中适合投身科研、适合出国深造的同学又有多少?除了这些学生,其他大部分学生最终还是要面向社会,那么此时应试教育是否真正可行呢?

关于一个人优秀与否,人各有志,看法不尽相同。作者在将某学院精于专业、拥有高学历高文凭的学生与我们平时口头所谈的学姐学长做对比,这种对比是否可行呢?

关于作者的第三个问题,认为高学历、精通专业胜过《大学记忆》,但又自认为做不到同时满足高学历、精通多门语言、熟练操作计算机和具有扎实的专业知识等条件。这样来看,一个人自身的核心竞争力又在哪里呢?我并不否认这样的人很优秀,但试问我们学校3万多名学生中有多少能做到这样呢?老宋所言实际上是有一定的前提的。

素质班这个团队坚持"自愿、诚信、意志"的原则。在这里，从来没有、也绝对不会认为素质班无懈可击。如果作者坚持认为"我们在宣传自己的理念是无懈可击的"，那么你是否认真听完昨天的交流？听问题，还得看清具体场合，讲究因果关系，否则有断章取义之嫌。

素质班的缺陷在哪里呢？这个只有自己亲身去实践"二十条"才能知晓。如果你觉得这里不适合自己，束缚了自己，可以做另一种选择。如果你还想探个究竟，只是心存疑惑，那么可以多找学姐学长交流，也可以直接找宋老师交流。

**五楼：**

看到你的帖子，我很高兴。不仅是因为你能勇敢地借助平台来表达自己的想法，同时也说明你在不断地思考自己与团队的成长和融合问题。在这里，我也表达一下自己的观点，以便互相学习，共同进步。

① 说到金创/金试班，据了解，能进这个班的同学，高考成绩需要达到很高的要求，还得获得省级以上的奖项，等等。我不得不承认，他们在高中时候的学习能力强过我百倍，但即便我再怀念和感激高中的时光，我也是不愿"再来一瓶"的。课本的枯燥乏味常常让我窒息，而在大学里我可以做自己想做的事情。像那些在数学建模、科研立项方面取得好成绩，考取国内外名校研究生的前辈们，我很佩服他们的学习能力。而我考研不是为了以后专注于学术研究，而是有一些功利性的考虑，想借此加强专业知识积累，通过学历提升赚到更多的月薪，这样就可以更快地让我的家庭摆脱贫困，让年过半百的父母不再为金钱而奔波，早日安享晚年。不知道金融学院考研的同学追求如何，但不管学历有多高，总归是要走向社会；10年、20年甚至在一辈子的时间里能否幸福快乐生活可不是仅靠学历吧。考研是我生存的需要，而不是理想价值的追求。与考研相比，我更愿意和那些帮助我成长的人在一起，比如第五届素质班人，他们的创造力和勇气都值得我学习。所以我更愿意做一个懂得幸福生活的社会人，而不是经济人、研究人、高分人。罗马典故中有句话"条条大路通罗马"，如果你认为数学建

模、科研立项和考取国内外名校研究生是自己追求的目标，是"牛人"的标准，那就放手大胆地去干吧，又何须在乎他人的说法呢？

② 什么是"牛人"，每个人心中的标准都不同，自然"牛人"就不一样。不管是哪位"牛人"，都是平凡而不平庸的个体。而素质班人的创业不仅仅是为了赚取金钱，更多是为了虽离开校园但早已扎根于心中的创业梦。我被他们的勇气和执着所感动，这是我心中的"牛人"。

③ 谈到素质班的缺陷，自然是既没有完美的个人，也没有完美的团队。宋老师的回答不是一味地强调素质班的优秀，而是向我们讲述素质班的核心价值是什么？诚信、尊重、爱心、集体意识……这些是不会随时代变迁而改变的价值，也是我们必须具备的基本素质。《大学记忆》与专业知识不是相互对立的，而是相辅相成的。前者代表着生活的态度，后者代表着生存的技能。拥有高学历、精通几门语言和掌握专业知识等固然重要，但从《大学记忆》中也可以看出你的思维、成长经历和文字表达能力，这些也是企业非常看重的素质。不同的行业对人才的需求不同，若两者能兼顾，岂不快哉！

**六楼：**

你很有自己独立的想法和思考，有一些确实是大家都在思考的问题。我们都是素质班人，我和你一样，也是第五届素质班成员。在参加宋老师见面交流会后，其实从细节中可以发现，宋老师不是一个张扬、爱炫耀、狭隘的人。如果有些问题你实在想不明白，可以想想是不是个人看问题的立场和角度不一样。每个人都有自己不同的看法、思考，因为个人是独立的，正如现在的你有你的质疑、你的不解，但这并不能说明我们与素质班格格不入。相反，正是这个质疑的过程，让你进一步认识了自己，也认识了素质班。

有关素质班的看法，当然事无十全十美，因而没有人说过素质班就是至上的，素质班人就是最优秀的，素质班的观念就是无懈可击的。好不好，不是看出来的，而是做出来的，听别人讲也没用，关键是我们自己要去尝试、去思考素质班这一模式对我们适不适用。看到你对宋老师直白地质疑，比如关于金创/金试班的问题，你和宋老师看问题的角度相差甚远，不是说你的观点不好或是错的，而是你们的侧重点不一样：你关注的是结果，而宋老师关注的则是教育的本身和过程；你看到的是素质班和学生暂时的现状，而宋老师则更多地关注其发展。就比如说，你觉得考上研、出国留学的学生就是"牛人"，确实，他们的能力很强，但是这毕竟是少数，而这少数又和学院的教育有多少必然的关系呢？而当你把视角扩到大多数学生的层面上时，能否察觉到一些不同的问题呢？当然，可能是宋老师的有些话重了，对于你来说接受不了，但从另一个角度来说，这是不是说明老师的话确实触动到你了呢？

和你一样，我之前也想问一下素质班的缺点和问题在哪，但是那天没有问出来。当然我也明白素质班不是万能的，它只能给我们提供一个展示的平台，但上台靠的是我们自己；它只能给我们一些机会，但成功抓住机会同样得靠我们自己；它只能给我们一张空白的纸，同样，如何充实、绘好这张纸也只能靠我们自己。在进入这个班后，可能你会慢慢地发现，或许有时没有人来告诉你应该怎么做、做什么，更多的是自己要做到自觉、自愿、自律，否则，一切只是空谈。

总之不论怎样，希望我们能一起上台，希望这两年我们会在付出的同时不断收获、成长！

**七楼**：

看到你的帖子，我很开心。一是关于那天与老宋的交流，你在课后进行了思考，并给予了反馈；二是你很尊重宋老师，即使是上课迟到也还是坚持听完了；三是你有想法能够大胆地提出来，而且善于创造机会，主动克服自己的迷茫与困惑。上面的回复相信你也看到了，每个人都在尽自己所能为你解答，其实这也是出于对素质班的爱。爱是需要表达的，表达的形式也是多种多样的。而素质班人为什么能够对素质班这么热爱呢？我想不同的人心中会有不同的答案，就像老宋讲的那样，一个人的时间花在哪里，心就在哪里。我想，当你的心能够真正投入素质班的时候，你所说的这些问题也就不成问题了吧！

每个人对优秀的定义不一样，但我觉得一个具有社会化人格、能够很好地适应社会的人就是优秀的，他既拥有自己的独特个性，又不失去社会化的共性，这才是我们真正应该做到的。

至于老宋说的出去找工作"一本《大学记忆》就够了"这句话，你只是没有理解他说这句话的含义，错误地认为老宋说的仅仅只是一本具体的刊物而已。每一本《大学记忆》从最初的雏形到最后的成形，都是我们自己做的，每一次的思考都是从我们的头脑中产生的，文章都是由我们自己一字一句写成的，每一页也都由我们一点点去设计。《大学记忆》记录和见证了我们的成长。

老宋那天有提到"一分信任、三个凝聚"。他信任素质班，它凝聚了友谊情感，凝聚了价值，也凝聚了痛苦。世界上的事情没有完美之说，正因为其不完美，所以我们才愿意去做出改善，使其能有更大的进步空间，使其更加发展壮大。你的目光有多远，你就能走多远。我相信如果你爱素质班到一定程度时，也会写出像陈学长那篇超过5000字那样的分析文章的。

宽容的基础是理解，理解的基础是感受。当你真的认可素质班的理念，用心体会在素质班的岁月时，你也就能真正理解了。

**八楼：**

我认真地看完了你写的每一个字，又仔仔细细地看完了下面的评论，看得出来，大家都因为你的礼貌、尊重、思考和行动而高兴，当然也包括我。南非国父曼德拉曾经说，如果因为怕别人看到就不做自己觉得该做的事情，把它隐藏起来，那就等于说谁都不能去做这个事情。如果自己把它做出来并让别人看到，那就等于说谁都可以这样做，然后很多人都会这样去做。你做了一件很好的事情，还带来几个极具争议性的问题。

在一件事情发生的时候，大家看到的往往是其中的一面，而忽略了这件事情看似不起眼的另外一面。就好像你在发帖之后不仅得到了我们的认同，而且也引起了我们的思考，让我们在交流中互相学习，进而再次加深对自己、对团队的认识。而有些人也看到了你发表帖子的时候带着一点情绪，或者在某些问题上断章取义，甚至还有些人认为你的理解建立在对素质班不了解的基础上。其实，生活中的我们每天都面对着质疑，既有我们对他人的质疑，又有他人对我们的不解，"唯有深刻地认识事物，才能对人和世界的复杂性有了解和体谅，才有不轻易责难和赞美的思维习惯"。而这种习惯，你我都还在尝试养成的道路上，所以，现在的我们也许都要忍受着一些孤独和痛苦。

就好像在攀登素质班这座山的路途中，我们都会有很多疑惑，而事实上，在登上一座大山之后，你会发现还有更多的山要去攀登。而素质班这座大山到底是你人生中的第几座山，她一路的风景又怎样，只有你开始攀登，用脚步丈量，甚至磨破脚掌之后才能知道，才能感受，才能认可。

**九楼（楼主）：**

思考了很久，首先非常感谢素质班的同学和班委为我排忧解难，我也认真地浏览了每个素质班人的回复，自己在发帖时确实带有很多情绪。

我现在在尝试着让自己更有规划地对待每一天的生活，结果发现事情的发展不像我想象的那样。六点交流会才结束，自己想问的问题没问出来，上课迟到罚站，要参演的节目也只能临时换人，没演出理想的效果。在公交车上我就很烦躁，不知道自己到底哪点做错了？今天的状况我到底该如何归因？我已经尽了最大的努力去协调时间，却还是发生了冲突。我回想过去对素质班活动的淡漠，突然觉得自己很另类，也不被理解。我被人们认为只沉浸在自己的世界里，没有去融入这个组织，又回想起自己与素质班观念的分歧，所以发这篇帖子的时候有些情绪化，断章取义不可避免。

素质班不是最优秀的，但我相信它是最特殊的，很多社团只专做一项，可它能将其他社团的功能加以综合并予以创新，这正是吸引我进入素质班的原因之一。

关于前面对于"牛人"的定义，我更多是从自己的专业角度出发的，矛盾具有特殊性，我们需要具体问题具体分析。"牛人"也没有绝对的定义，我对"牛人"的观点没有错，其他人对"牛人"的观点也没错。若你能把某一方面做到无懈可击，那你就是"牛人"。我感觉自己就是宋健老师说的那百分之十的学生，我非常荣幸能够进入这所学校，也很喜欢自己的专业。我承认现在的我做不到像院里的学长学姐那样各方面都出彩，但这并不代表我一项都做不到，我还有3年的时间，通过历练，我相信自己有能力去做到其中的一到两项。

专业知识让你学会生存，综合能力让你学会生活，两者相辅相成，密不可分。专业知识我能依靠自己去学到，但综合能力则需要组织的力量带领我前进。

关于"二十条"，我觉得它应该是最能反映素质班人个性的东西，没有人能完整地做到"二十条"，因为每个人都有自己的偏好和选择。还记得当时我刚进学校，去拜访我那就读于华中科技大学的高中家教老师，他告诉我大学里最重要的是要找到自己喜欢的东西，并为之奋斗。当时我不懂，做什么都追求"好就做，不好就不做"，现在觉得，没有最好的，只有最适合自己的。

关于素质班的缺陷，这需要我自己去体验，去理解。实践是检验真理的唯一标准。素质班是多元化发展的，但我感觉现在宣传最多的是创业方面。很抱歉，这不是我追求和感兴趣的东西，我希望素质班除了创业之外还能宣传其他更多的东西，百花齐放，百家争鸣。

最后，也希望每个素质班人能做到忙起来、学起来、快乐起来，做一个真正的素质班人。

**附**

以下是素质班第八届成员胡羿写于 2021 年 5 月的一篇文章，他虽然没赶上这一场辩论，但他仍关注并思考着同样的问题。

## 素质班的培养究竟给我们带来什么

文/胡羿

又到了两年一度班委换届的时候，我坐在一边旁听会议，不禁想起了之前素质班的学弟学妹们曾发问："素质班不教专业知识，不教技能，也不教我们怎样找到更好的工作、考上更好的大学、赚更多的钱，那素质班作为一个社团，到底是做什么的？它又能教会我们什么呢？"我也一直在思考，素质班究竟教会了我们什么，又是什么样的力量让一届又一届的素质班人，愿意为这个团队付出与奉献。

伯里克利在雅典殉国将士葬礼上的演说里有这样一句话："我们不花费时间来训练自己忍受那些尚未到来的痛苦，但是当我们真的遇到痛苦的时候，我们表现出我们自己正和那些经常受到严格训练的人一样勇敢。"

这曾让我感到好奇，雅典人不像斯巴达人从小接受严格的军事训练，却能在战场上表现出相当的勇猛和勇敢。从心理学角度来讲，如果一个人去面对超出自身能力范围太多的外界刺激或困难的时候，很容易走进"黑暗森林"。正如周岭在《认知觉醒》里面所揭示的能力成长的普遍法则：无论个体还是群体，其能力都以"舒适区—拉伸区—困难区"的形式分布，要想让自己高效成长，就必须让自己始终处于舒适区的边缘，贸然跨到困难区会让自己受挫，而始终停留在舒适区会让自己停滞。那么到底是什么力量驱使着他们呢？伯里克利认为，那是因为雅典是一个伟大的城邦，雅典人发自内心地热爱它：

"我们爱好美丽，但是没有因此而变得奢侈；我们爱好智慧，但是没有因此而变得柔弱。我们把财富当作可以适当利用的东西，而没有把它当作可以夸耀自己的本钱。至于贫穷，谁也不必以承认自己的贫穷为耻，真正的耻辱是为了避免贫穷而不择手段……

"我们的城邦这样伟大，它使全世界各地一切好的东西都充分地带给我们，使我们享受外国的东西，正好像是我们本地的产品一样……

"再者，在关于友谊的问题上……我们是独特的，当我们真正给予他人以恩惠时，我们不是因为考虑我们的得失才这样做，而是由于我们的慷慨，我们不会因为这样做而后悔。因此，如果把一切都联系起来考虑的话，我可以断言，我们的城邦是全希腊的学校……这就是这些烈士为它慷慨而战、慷慨而死的一个城邦……"

我想，这便是对他们勇气的来源最好的诠释：对美好的向往和对生命的热爱。

感性有两种，低级的和高级的。低级的是情绪，也就是我们因外界刺激所引发的恐惧、喜悦、紧张、焦虑、逃避等反应以及相应的决策，这些是需要克服和纠正的。高级的则是爱、审美、感动、责任、奉献、使命感——这些难以被解释和分析的复杂情感，完全可以和理性和谐共处，是人性的重要组成部分。也正是它们让我们在感到困苦和艰难的时候能够爆发出巨大的力量，支撑我们前行。

我们常说，相比如何做，我们如何思考与看待问题，以及我们持有怎样的心态与价值观更加重要。比起面对各种各样的痛苦与困难而言，更重要的是面对痛苦和困难时保持心中的那团火焰，只要内心的火焰没有熄灭，哪怕寒风再凛冽，活着也是一件温暖的事情。素质班所做的事情，就是教会我们爱，教会我们感受人生的美好，教会我们去追寻希望。当我们看见这个世界的美好，我们便会主动去渴求知识，追求真理，热爱生活。当我们拥有了对生命发自内心的热爱，再残酷的社会，再多的困难，也打不垮我们。

如果不热爱生命，现实这么残酷，活着将是一件多么艰难与痛苦的事情啊！"热爱是所有的理由和答案。"没有这分热爱的话，我们又怎么会有动力在大早上去腾龙大道跑步，只是为了让素质班班旗每周都飘扬在腾龙大道上呢？如果真的对素质班有足够的爱，对生活有足够的爱，从心底希望大家和素质班能变好的话，心里想的一定是，我还能为此做些什么。唯有这分热爱，能让我们迸发出巨大的勇气，让我们不必在意内心的踌躇与害怕。

宋老师在《半生岁月忆童年》里写道："我也很难想象，今天的儿童他们的灵气以什么滋养，勇气从何而来？"这也是谢湘老师来到大学记忆工作室时，与宋老师就素质班讨论的核心主题。对此，我想说的是：没有什么比让我们心中燃起希望的火焰更有价值的了！这分热爱、温暖与希望，将是我们对抗人生苦难的最大底气！

## 【老师评说】

距离这一场讨论，已经过去了十余年，但学生的这些问题并没有因为时间的流逝而消失。素质班的培养能给我们带来什么？我们在素质班里能获得怎样的滋养？这些问题说到底，仍然是围绕自己能成为怎样的人这一维度展开的。它始终牵系甚至困扰着学生和老师，这是一个常思常新的课题。

素质班近20年的探索与实践，始终以落实立德树人为根本任务，主要关注的是"如何做"这一问题。素质班以"二十条"培养方案为基础，通过帮助学生在学习、生活方面养成好的习惯，以及积极参与社会实践的锻炼，引导他们在自身成长过程中主动体验各类事物，开阔视野，塑造优良品格，唤醒自身成长成才的主体性，由"被动成长"向"主动成才"转变。

"一个人可以走得很快，但一群人可以走得更远"，置身于团队中，一起践行"二十条"，就有无数积极主动的思考吸引着你向前，也有无数双手在你身后托举，不让你掉队。

时间无声，成长有痕。

# 二 扫除活动这样的小事值得去做吗？

（2019年6月16日）

"扫除"，是生活劳动中的一个方面。它看似是一种单纯的体力劳动，但要做好它，也需要在动手实践的基础上动脑思考。通过这类生活劳动，学生不仅能够提高自我管理能力，还能在劳动实践中发现新问题，激发创新思维，培养解决问题的能力。

事件缘起：素质班培养方案"二十条"中有一条就是要求成员做义工。素质班第八届成员在接触到"扫除道"时很受启发，认为可以组织小组成员践行"扫除道"来磨砺心性。于是，2019年6月16日第八届素质班开展了清扫学校图书馆、教室、厕所的扫除活动，并将活动照片实时发在了"大学记忆二十年"微信群里进行宣传播报。活动正在如火如荼地开展，这时正在一所著名大学哲学专业读博的钟同学看到活动播报后，发出了不一样的声音。他对此活动表示不赞同，并在微信群里表达了自己的看法。他的发言引发了大家的思考，同时也引起了众多往届素质班成员的关注和讨论。

**钟同学（第五届）：**

说真的，看到这个活动我确实不太舒服。这让我想起来3年前我离开学校去读研的时候,一个学弟反复跟我强调的"学哲学一定不要往脑子里去学"。原来我不想说这些话,给自己找麻烦干什么呢?但我还是想表达一些自己的看法,当然这也是我自己的教训。进入大学后,更多的是需要反省、反思与提升自己,而不是盲目地参加一些毫无意义的活动。这种盲目的行为就是在抽精神鸦片,最终梦醒人散,你什么都没有得到。

人生在世,每个人都有自己的追求,这没有什么可以指责的,同样也没有人能干涉其他人的选择。但是作为一个背负着家庭的希望和自己的未来的人,这样浪费宝贵的时间,是可耻的。社会很现实,也很"骨感",获取世俗意义上成功的人可能是努力奋斗的人,也可能是投机取巧的人,但绝不可能是在一起"干打哄"的人。

成长总是要经历一些事情,需要经历种种磨难、痛苦,并独自承受孤独。我本没有资格教育别人,毕竟我也还是在路上。只是看到这种情况,真的想说两句。毕业之后你们就知道,社会竞争是如此激烈:我认识的华师(指华中师范大学)的学弟学妹,每周都在熬夜学习;人大(指中国人民大学)的一个学弟,懂汉语、日语、英语等五门语言,这周末还参加了法语四级考试;我在清华的同学,硕士论文就能洋洋洒洒写十余万字。3年前离开母校的时候,我是如此恐慌,因为我什么都没有,没有成果,也没有知识,真心希望你们不要像我当时毕业那样恐慌,每个人做事都要有自己的目的。

**邓同学(第二届):**

读书学习提升自己是有意义的事,参加活动结交朋友也是有意义的事,出门旅行增长见识自然也是有意义的事,你怎么知道他们今天参加扫除活动,就没有提升自己、没有改变自己呢?

你在学习上或许很优秀,但是你在生活技能层面上并不一定比别人优秀。只要在行动、在付出,就会有收获、有提升,不是每个人都要走同一条成长之路的。你可以批评,可以发表意见,但是用"浪费时间""可耻"这些字眼来评论别人的努力和付出,你确实也没有什么资格。认同,就留下,不认同,可以离开,世界和而不同才精彩。

**季同学(第四届):**

我想他表达的不是这个意思,而是想告诉大家,要尽早找到自己的目标。和而不同,美美与共。大家都可以有自己不同的看法,学弟说出来这些话,其实也是需要勇气的,他其实可以什么都不说。可是邓学长这些话,就直接"拍死了"敢于直接发表自己意见的人。而且,这次活动的初衷是好的,而学弟说这些话的初衷也是好的。

**邓同学(第二届):**

我是在跟他辩论,学习做卫生到底是不是有意义的事?是不是提升自己的事?

**李老师(素质班友人):**

我个人认为学习是多角度、多层面的,一个人即使博览群书,不亲自参加实践,那也毫无用处。知识只有通过实践,才能成为生活的智慧!所以在日常生活中学着慢下来、静下来、俯下身来和日常俗事打交道,这需要极大的勇气和智慧。这不仅仅是在清扫校园,让环境变得清新如画,更是在清扫我们的心灵,让我们的心变得清净,不再藏污纳垢。通过这样一个扫除活动,每个同学都能把学校里污秽的地方打扫干净的话,他们的心也会被打扫得更美丽,变得清明起来,如此才可以清醒地看见自己的未来。平凡的事,只要是对的,就请坚持下去,它一定会变得不平凡。

**彭同学(素质班友人):**

首先很佩服和欣赏钟同学直言不讳的勇气!从他的言语中可以感受到他对学弟学妹们真诚的关心和对个人宝贵时间的无比珍惜,以及因面对激烈的社会竞争而对前途命运的忧虑。从这个意义上讲,要感谢他的提醒。但如果他阅读过《扫除道》这本书，我想大概他会更加理解这个活动的价值和意义，打扫校园是学习"扫除道"精神的一次具体实践。宋老师一直在强调教育就是让每个人成为正常的人、生活的人，要有独立思考的能力和批判精神，今天的讨论正是母校学子思想进步的体现。同时，素质班也在强调"自愿、诚信、意志"的理念，我想今天参加活动的每一个伙伴都是自愿去学习和体验"扫除道"的，所以我们应当给予尊重和认同。真正的强者知道如何对自己的选择负责，爱自己唯一的方式就是让自己变得强大，只是变得强大的方式是多样的，是综合的。很多时候，我们无法改变他人，只能按照自己认为对的方式做好自己。

**林同学（第四届）：**

从我个人来说，我觉得每个人只要清楚自己在做什么，只要能对自己负责就好，如此至少能不辜负自己、不拖累家人。我从母校毕业已5年整，在这5年里也经历了不少事情，我曾后悔大学里没有花更多时间去巩固自己的专业知识，没有花更多精力去从事专业实践，连最基本的办公软件应用都"菜"得不行，更别提看起来复杂却非常实用的统计分析了。但我也很欣慰，我的大学记忆虽然单调，但很充实。我遇到了一群充满激情的人，让我能够始终保持积极的状态，让我毕业多年还能与一些朋友深切交谈。回头看大学本科4年，谈学术尚远，谈专业尚浅，谈情怀却很饱满；俯首看现在，论专业化尚可，论职业化尚在精进，论理想与现实尚须平衡。我们大多数人都在二三十岁的年龄，相对来说，还年轻得很，不怕有遗憾，有遗憾也还来得及补救，只要清楚自己当下在做什么，知道自己想要什么，一步步努力就是了。无论是学生还是已经工作的人，都是为了遇见更好的自己，过上自己想要的生活。

**陈同学（第二届）：**

看了下处于不同阶段和状态下大家的发言，有几点启发。

一是真理越辩越明。素质班校内校外两条线，成员的年龄和状态有所不同，多元化的氛围有利于团队未来的发展。素质班多年努力的成果越来越显著了。

二是不同的状态和经历，确实对"当前什么才是该做的"这句话的理解有很大差异。但个人观察了下一起走过10年以上的朋友，除了那些在行动上什么都没做的人之外，大部分人都在沿着自己的思考和价值取向奋斗，也都有了一些小成就。个人感觉"做点什么动起来"比坐着思考"当前做什么可以使未来效益最大化"更简单，也更实在。

三是母校真的不差，找到好工作和考上名校研究生的同学比比皆是。当你毕业10年后，本科学校其实就没有那么重要了，更重要的可能还是自己是否在努力奋斗，是否在持之以恒地"做点什么"。

**赵同学（第一届）：**

百花齐放，百家争鸣。素质班能发展14年，未来也将走向20年，就是因为它对大家的包容和大家对它的爱护。希望大家能够经常发声，碰撞思想，相互学习与交流，这是一个属于所有人的平台。

**【老师评说】**

人是环境的产物。人们都希望生活在整洁、有秩序和美好的环境里，但拥有这些，是需要有人付出劳动的。扫除是劳动教育的重要组成部分，素质班倡导并践行义工志愿活动，通过打扫寝室、教室和厕所，把一个个肮脏的地方打扫干净，看起来小而易的事，却藏着大而难的考验，同时也蕴含着深刻的道理。此等"小事"值得去做吗？它的答案和价值并不在于众人的评判，也不在于能否使未来"增值"，而是取决于此刻"你"的投入、体验与行动。对万事万物报以恭敬之心、谦卑之心、感恩之心，磨砺心性，方能行远。

教育是一项面向鲜活的生命，促进生命向下扎根、向阳生长的伟大事业。教育应引导学生回归劳作、回归生活，让孩子们回归朴实的生命状态，做一个眼里有光、心中有爱的人。

# 三　什么样的支教才值得去做？

（2021 年 7 月 20 日）

　　湖北省大学记忆支教助学服务中心（前身为素质班贵州支教队，以下简称助学服务中心）成立于 2015 年 11 月 28 日，是由素质班人发起成立，在湖北省民政厅登记注册的非营利性社会组织（注册资金 10 万元）。助学服务中心旨在为身处困境的中小学生提供助学帮教服务，让其接受教育，学习知识。目前资助方式有两种：第一种是组织素质班人每年暑期在支教点进行支教；第二种是每学期为受助者提供 1000 元（即 2000 元/年）的资助，直至受助者读完高三。

　　事件背景：2021 年 7 月，第四届巴东支教队在湖北省恩施土家族苗族自治州巴东县清太坪镇姜家湾小学进行了为期 21 天的暑期支教活动，这届支教队队员主要来自第九届素质班在校学生。7 月 20 日是支教的最后一天，也是举行暑期支教活动结业会演的时候。当天，支教队队员在支教点对支教活动进行总结、回顾和展示，并在"大学记忆二十年"微信群中进行了图文并茂的活动播报。

　　已经毕业的第五届素质班成员李同学在看到微信群里的活动播报后，对本次支教活动呈现的效果表示疑惑。这一来自 90 后"老素质班人"的质疑引发了 00 后支教队队员的强烈情绪，双方矛盾可谓一触即发。这次质疑同时引起了众多新老素质班成员的关注和发言，从一开始的就本次支教活动的呈现效果展开讨论，逐步升级为对整个支教活动意义的热烈讨论。

**李同学（第五届）：**

结业会演成了发糖果大会？结业会演后面的幕布怎么布置得那么随意？四个字写得歪歪扭扭，除了几个装饰气球，其余地方全部空白；节目只看到一个，而且好像根本没怎么排练过；小朋友到处走动，没有邀请学生家长参加吗？结业会演整体给我的感觉就是没有用心，无组织、无纪律。支教活动是以学生为中心的，他们学到什么了吗？他们有什么感受呢？活动流程看到的全部是支教老师在发言，学生的感悟呢？

**李同学（第六届）：**

与往届相比，这一次确实缺点仪式感。或许每届成员都有自己的想法，但队员们出发前应该思考：我们是去干什么？做什么样的课程设计最好？可以给孩子们带去什么？毕竟支教不是玩耍，希望队员们支教的初心不要变了味。助学服务中心的发展以及每年的支教活动都倾注了很多人的心血，像我们虽然已经毕业几年了，但仍然非常关注这项活动，但愿每一届素质班的支教活动都能留下一些东西，队员们都能有收获。

**张同学（第九届）：**

我们支教的这些天已经给他们（受助者）带去了我们所能带去的，最后一天没必要说太多的感悟，至少这一天我们都开开心心的，留给他们的东西是长长久久的。

**林同学（第四届）：**

大家要系统地去复盘、去反思，这样自己才能有更好的成长，素质班才能有更好的发展。素质班的发展，是靠每一届素质班人去努力推动的，在成长的过程中，有掌声，有鲜花，也有汗水与泪水。

**张同学（第九届）：**

这一次结业会演我们确实做得不是很好，但是我希望学长学姐们可以看到我们所做的全部事情，而不是只关注最后的结业会演。我们收到了很多同学的反馈，他们也是收获满满的，我们也尽可能地做到了带给他们有益的收获。

**梁同学（第一届）：**

各位素质班的家人们，素质班支教队从贵州队发展到巴东队，大家都比较清楚，做支教这个事挺不容易的，需要各方支持配合。今年第四届巴东队其实也挺辛苦，这边交通很不方便，大家也没有太多经验，队员的压力都很大，也都很努力。至此我们这次支教活动终于顺利结束了，各位往届队员也要多理解一下。往届队员提的意见和建议都是很中肯的，本届队员也需要好好反思一下我们哪些方面做得不足，请大家平和交流，为素质班更好地发展建言献策，大家也多回学校，跟在校生多交流，大家都是为了素质班有更好的发展。

**张同学（第五届）：**

今天对于支教队的队员来说，是给本次支教活动画上小句号的一天。毋庸置疑，前期的准备，这些天的实战，你们一定付出了很多，也有所收获。在你们结业会演的这一天，我们素质班人应该给你们送去掌声。只是，当你们把动态发到群里，第一时间得到的反馈是各种建议，仿佛是大家在给你们泼冷水，所以有了后面的一系列回应。你们勇敢地说出了你们内心的想法（比如往届成员事前不来指导，事后来指点等，这些也是客观存在的），能直接提出来就很好。我认为素质班是一个包容性很强的组织，大家都能敞开心扉交谈。本届支教队队员也不要因学姐学长的言论而情绪化，可以静心听取学长学姐们的建议，总结本次支教活动的得与失，你们今后再组织活动一定会更有想法，我相信你们具备这种成熟的心态。

**杨同学（第九届）：**

各位学长学姐好，我是第二届巴东支教队队员，第四届巴东支教队队长。首先很感谢各位学长学姐提出的建议，这说明大家对我们非常关心，对素质班的发展一直保持着关注，是真正在关心和热爱素质班。我虚心接受各位学长学姐的批评！

作为第二届的队员和第四届的队长，我参加了两次巴东支教活动，并且是以不同的身份。两年前我参加巴东支教的时候，认为支教对于我的意义是把自己学会的东西、对自己有用的东西教给孩子，甚至某一句话能够帮助到其中一个孩子，这就够了，这就是支教对于两年前的我的意义。

现在，两年过去了，我经历了一些事情，如今再来巴东支教，并且是以队长的身份组织支教，也让我对支教的意义有了更多的思考。我们到底能给孩子们带来什么？我们对这个问题进行了多次思考和讨论，最终得出了一个结果：我们应该给孩子们带来一种状态，一种大学生应该有的状态。

可能这个结论与很多学长学姐的想法不一样，但这是我们这一群人——我们这群经历了数轮面试，经历了两轮试讲，同时还经历了为期1个月的"魔鬼"训练，最后才选拔出来的队员——所商讨出的结论。

我们最后呈现出来的效果，即使没有达到各位学长学姐的期待，也希望各位学长学姐能够尊重我们的结论。现在由我来给各位学长学姐汇报我们所做过的事情。

此次支教队共有队员9人，带来的课程有绘画课、音乐课、舞蹈课、体育课、趣味历史课、安全知识课、旅游课、科普课以及跨学科思维工具箱等，有的更具有趣味性，有的更具有实用性。我们每隔3天会用一个下午的时间进行素质拓展活动，以此来增进学生和老师之间的感情，这也是为了尽可能带给学生更多关注。以一个患有抑郁症的学生为例，经过我们这段时间的陪伴和关心，他的情况逐渐好转。我想我们做的事情是能够给学生带来一些好的改变的，我们做的事情是有一定意义的。

我们理解，各位学长学姐对素质班的活动都很关心，无论是经济上还是心理上都给了我们很大的支持，我们真诚地感谢各位学长学姐对我们、对素质班的关心。也希望各位学长学姐能够理解支教队队员有些情绪化的言论，他们为此次支教活动付出了很多很多，也放弃了很多很多，确实非常辛苦。

**宋健老师：**

各位素质班的家人们，素质班支教队从贵州队发展到巴东队，是素质班人共同努力的结果。因为特殊的原因，今年支教活动的开展困难重重，支教队队员克服了不少难题，终于在各方的支持和配合下顺利结束了，大家都很不容易。第九届素质班在今天的结业会演中，因视频和图片等原因引发学长学姐们的不同看法，一方面请往届学长学姐多理解支持，既要看到他们的付出，也要给时间和空间让他们去成长。另外，往届素质班成员提的意见和建议都是很中肯的，毕竟他们是如此热爱这个光荣的团队。我们需要好好总结经验，请大家多提宝贵的建设性意见，为素质班的更好发展建言献策。最后欢迎大家多回学校跟在校生交流，让素质班发展得更好。

**邹同学（第九届）：**

各位学长学姐们，大家好，支教活动对于素质班来说是具有传承意义的一环，除了给支教点的小朋友以及参与支教的队员们带去了收获，也给我们大家带来了满满的感动。虽然我并未参与此次支教活动，但作为素质班宣传部的一员，我从他们参与支教选拔开始就见证了他们的成长。除了支教面试、试讲、备课，1个月左右的支教训练，每天晚上开会、写支教心得，他们还为了做好调查，走过因暴雨冲刷而变得泥泞的山路，克服语言不通的问题去进行现场调研。从这些都可以看出，他们真的在努力，想尽一切力量为支教点的小朋友和当地的村民带去些什么。今天在场学长学姐的发言，都是为了素质班能够有更加光明的未来，让支教活动能够更好地延续下去，所以我十分感谢今天学长学姐们的指正。我记得游学长曾经说过：素质班允许极端个性的存在，因为我们有超强的包容性。今天我们的发言确实不太妥当，希望学长学姐们能多加理解。当然，不够成熟不能一直成为我们做不好事情的理由，我们确实需要反思如何更加成熟地解决问题，培养抗压能力。请学长学姐们相信我们，我们一定会积极思考并改正，在学长学姐们的指正和建议下，一起成就更好的素质班！

### 金老师（素质班友人）：

第九届的同学们要理解学长学姐们的心情，爱之深才会责之切！正是因为有这样持久的关注和爱，再长的时间、再远的空间才都无法成为彼此间的阻隔。在争论中达成共识，让模糊的爱变得越来越清晰而具体。

一点点"爬楼"上翻，才明白了今天的争议，看到大家就像一大家兄弟姐妹一样，争了吵了，最终相互拍拍肩，用力握握手，彼此之间就有了更多的理解。这么多年一路走来，素质班就是在一次次合作中才变得更加优秀，在一次次争论中变得更加坚定。一个人可能走得很快，一群人则会走得更远。

突然想起这个群名的诞生，还在素质班只有10年的时候，大家就已经把微信群命名为"大学记忆二十年"，这是一种深切的情感，更是一种坚定的信念。如今，素质班已经经历了最初小马过河的摸索阶段，也经历了理念逐渐完善、制度逐步完备的阶段，现在正是需要守成并不断巩固的时期，第九届的同学们也因有那么多学长学姐的关注而更有压力！素质班的家人们可以好好利用这个群，积极建言献策，能回来与学弟学妹们当面交流就更好了。

**李老师（素质班友人）：**

我作为素质班之外的一位班友，加入这个群并默默关注已有好几年。我从未在别的群里感受到这种来自大家庭的深切关怀：从来没有激烈的批判与指责，只有冷静的剖析和深刻的反思，其中透露出的宽厚胸襟，让人动容！

**金老师（素质班友人）：**

说真的，很感谢这些年轻人，不管是往届学长学姐们的冷静剖析，还是第九届小可爱们的"自然反弹"。正是这些在素质班中努力成长并真切爱着素质班的人们，才让素质班成长得更加稳健、踏实。

感谢像李老师这样的家人、朋友！你们的亲近和真诚，让大家一方面更加坚强自信，另一方面则更加审慎反省。

**游同学（第三届）：**

素质班是我们九届共同的大学记忆，是我们内心的方寸净土。认真"爬楼"发现，各位兄弟姐妹的对话特别有意思，特别匹配西游记里的人物意象。有些人的表达像大师兄，火眼金睛，内心却是对支教活动和素质班的深深关注；有些人的表达像二师兄，受了点委屈就吐槽，内心却是期待能被哥哥姐姐"看见"；有些人的表达像三师兄，静静地弥合大家的冲突，相信第九届成员必将获得成长，只是需要时间和空间，要有点耐心；有些人的表达像四师弟，安静地做一个美男子，却始终心系大家；有些人的表达像师父，不忘初心，方得始终；有些人的表达像观音菩萨，如甘露水，让我们穿越事物表层去体会更深层的力量。但共同的一点是，我们都在"一路向西"，就像老宋坚持陪伴素质班。九届小伙伴的追随，纵然有万千表达，但对素质班的那分爱始终纯粹而真切。

**金同学（第九届）：**

学长学姐们好，对于今天"大学记忆二十年"群里的讨论与争吵，我是感到有点惊讶但同时也是感动的。惊讶的是，其实所有人都在默默关心素质班、关心第九届成员的成长，感动的是所有素质班人都怀有家人般的真挚情谊，虽然会针锋相对，但更可以相互理解。为了共同的家吵一吵又何妨？我是素质班的一员，我曾说我把素质班当作家，虽然我现在的能力可能无法回馈这个家给予我的感动与帮助，但是现在我更明白了，即使现在不能回报它，作为素质班人，我的所作所为也要配得上这个家，这个由所有家人共同支撑守护的家！

今天我看见了第五届、第六届学长学姐们的激情与态度，看见了第一届、第二届学长学姐们的睿智与豁达，看见了学长学姐们对我们这个家的用心感知和拳拳期待。虽然我没有见过你们，但是我真的感受到了你们的关心。

素质班永远处在现在进行时。现在，素质班是我们第九届这些不懂事的年轻人在运营，但是素质班是超越时间、空间的，无论身处哪里，都有心系素质班的你们在关注。我们的素质班有传承、有历史，更有未来！今天学长学姐们就很好地展现了对素质班未来发展的负责任态度。作为第九届的成员，我也真正意识到素质班的未来是要由我们所有人共同承担的！

其实，我们这些年轻的素质班人是渴望和学长学姐们多交流、多学习的，虽然厚厚的《大学记忆》里记载了你们的事迹和经验，可我们还是会在处理一些未经历过的事情时犯一些年轻人容易出现的错误。我们心里也会彷徨，也会对自己的所作所为感到迷茫，在素质班前进的道路上，我们需要你们的陪伴。

同时，作为第九届素质班宣传部的成员，以后我们一定会好好努力给各位学长学姐提供更加鲜活、更加完善的素质班活动经历，让大家更了解我们。也希望素质班的前辈们不要嫌弃我们这些新素质班人，多多向我们提出意见和建议，让我们这些自己扑腾的雏鸟能多学一点本领。

**张同学（第四届）：**

"爬楼"看了这么多人的发言，结合一下我的有限经历，对学弟学妹们说两点，和你们一起共勉。

一是做情绪的主人，要对事认真，不要对情绪认真。要穿透情绪来解读需求，而不要被情绪带着走。这种能力，越早习得越早受益。时不时念叨一下"问题止于智者"，提醒自己，我们要做一个快乐的聪明人。耳聪目明，能洞察到对方的需求，然后解决问题，播种快乐。

二是有效发问，有效回答。相信我，在如何发问、如何回答这两方面，我们永远有进步空间。很开心看见第九届的负责人及队友们的担当，互相帮助，一起解决问题，为你们点赞。

**李同学（第五届）：**

各位早，"爬楼"看了消息，"二十条"之一"七点前起床"看来大家都还记得并且在践行。昨天"捅了马蜂窝"，很难得看到群里热热闹闹了一整天。我不后悔昨天那么情绪化的表达，也没有因为群里的新老成员对我产生怀疑而难过或者失望。认识我的成员都知道，昨天我所言已越过自己日常情绪的"红线"了，所以我也不是随口一说，更不是简简单单地只看到几张照片和几段视频后就随意"质疑"，而是把内心的真实感受全盘托出。

唯一遗憾的是，虽然毕业后我仍很关注素质班的发展，但没有在明面上参与到在校群体的活动中，没有跟新成员当面交流所思所想，所以双方的想法和做事方式有所差异。可能在新成员心中，像我这样只知道跳出来表示质疑的往届成员，就是典型的"没有调查就没有发言权""站着说话不腰疼"的人，所以他们觉得十分委屈是很正常的。

素质班向来包容，所以我才可以放心大胆地在群里情绪化地表达，重点是表达后，我们能做些什么来优化这件事。支教虽然结束了，但第十届成员还需要第九届成员"传帮带"，下一届支教也还要进行下去。等到素质班真正20年的时候，第九届和第十届成员才是在校中坚力量。我记得第五届的时候，前面四届的学长学姐们经常回去看我们，跟大家交流。正是大家逐渐地接纳彼此，我们才有了盛大的、令人难忘的素质班10周年庆典。素质班的每一届都是整个团队的一部分，如果"交锋"只停留在争吵和互相埋怨上，团队将毫无动力前行。

今天，我已经放下昨天的"争吵"，在思考怎么才能跟你们打成一片，去了解你们内心的想法，用你们的眼光去看你们认可的世界和你们眼中的"好"，为你们做些力所能及的事情，或者尽我所能去解答你们内心的疑惑。

**刘同学（第二届）：**

虽然李同学昨天的语气有点情绪化，但是她的发问确实把"潜水"已久、"埋伏"在全国各地的往届素质班的优秀学长学姐们都"炸"出来了，这才有了后面大家深度的交流与连接。这对素质班第九届成员们来说，是个不错的契机。这样深度的交流，可以加深彼此间的了解，把素质班这个庞大的资源体用活。每个个体都在这里发光发热，增强了组织的凝聚力和魅力，组织也在持续为个体赋能，因此大家聚在一起是一件有意义的事。

**陈同学（第九届）：**

各位学长学姐们好，我是这一次支教队的队员，昨天我们队长的发声，已经证明了我们的付出，但我想通过一个队员的视角来向大家展示当时的我们。

昨天，在这个愉快而又有些伤感的结业会演仪式结束后，大家便开始准备后续收尾工作。当时我回到厨房后看到大家的情绪不太对，才知道群里发生的事情。当我看到我们如此重视并一直参与的支教活动被批得一文不值，当我看到自己朝夕相处的"战友"因为被冤枉而默默哭泣，作为队里的男孩子，我当时没忍住自己的愤慨情绪。我们一直强调做情绪的主人，做一个有素质的人，但当看到我们一直珍视的事情被口诛笔伐时，不冷静的我或许需要一些话来发泄当下的情绪。

但很快，我的队长就把我压了下来，说我们要理性地去回应，所以当第一个质疑声音出现时，队长就已经开始编辑回应的话了。

我们明白，用语言主观定性一件事情很简单，而证明这件事是否属实则需要时间。我们需要找出之前的照片，以及受助学生们给我们说过的话、送给我们的礼物作为证明材料，还要不断地改变措辞以确认语言是否恰当。这段时间，队长告诫我们不要去回应，等证据出来再摆事实、讲道理，但这个准备材料的时间有些漫长。

在这个过程中，当我们看到原本自己心目中尊敬和钦佩的学长学姐带有情绪的质疑时，我当时的感受是很委屈，甚至产生了一种自己一直追随的榜样轰然倒地的绝望感。所以有些成员在我们的证据没有整理完成前，已被情绪所左右，在群里为自己辩解。当时我们的情感真的非常复杂。无论是陪伴我们的学长学姐，还是群里素未谋面的学长学姐，他们都是在各自的领域里非常优秀的人，在我们心目中如此优秀的人却在与我们第一次交流时便出现了这样的冲突，我无法描述当时的情绪。

后来，这件事在我们摆出证据后就收尾了，今天也看到李学姐再次回应这件事，让我感到过去我所尊敬和崇拜的人没有问题，他们确实值得我们的尊敬。于是我写下这些文字来表达自己的真实想法。

昨天我们开会复盘了本次情况。梁同学和我们聊了很多。待情绪稳定后，我们更加明白，一件事从不同角度去看，会有很大的理解出入。大家能平等地交流各自的观点，肯定会带来素质班新的发展。愿意给我们提意见的学长学姐都是真的关心我们、关心素质班的可爱的人。年轻人血气方刚，容易意气用事，学长学姐们也可能因为一些刻板印象而产生错误判断，但最后我们互相包容，彼此谅解，这就是我们所推崇的君子之交。

**徐同学（第四届）：**

关于支教话题的讨论，我内心也想了许久，昨晚我还跟邓学长打了半个小时的电话聊了聊。我纠结了很久到底要不要在群里发言，原本是不打算说的，因为大家已经发表了很多观点，但是今天我看到了一些转变，所以还是想说几句心里话。我挺喜欢这样的交流方式，不管是激烈的还是柔和的，不管是批评的还是鼓励的，多一些讨论，就说明对这个团队的关注更多一些。这总好过大群里天天一团和气的景象。不是说和谐不好，而是越和谐越有可能说明团队里的一些问题被掩盖了。

今年是我加入素质班的第十年。假设我是今年支教队的一员，面对群里学长学姐的质疑，我的第一反应肯定也是会抱怨他们的不理解，这是人之常情。当然，我已经回不到过去了，现在的我会把这次讨论当作一次小型的"危机公关事件"。贵州（巴东）支教活动一直都是素质班的核心"品牌"，既然现在这么多人突然质疑起我们这个"品牌"的价值，我肯定要摆出积极的态度来面对质疑。我自己先来分析一下。

（1）目前现状。

① 支教的结业会演仪式受到了质疑，引发了广泛的发言。

② 群里没有发言的学长学姐也许会有同样的疑问，只是没表达出来。

③ 群成员的数量从498人减少至491人，有成员退群现象。

（2）处理方法。

首先，我会在群里感谢历届素质班人对此次支教活动的关注，把学长学姐们的问题都收集起来，在没有准备好的情况下先不正面回应，担心回复不妥可能会把负面影响扩大。然后，我会和我的队员一起梳理问题，达成共识之后再发言，稳住局面是关键。为了表明我们对这些问题的重视，我会建议支教队全体队员回到学校之后紧急召开一次线上视频/语音总结交流会，邀请群里有疑问的学长学姐参加交流。通过这种方式，支教队可以把活动过程中遇到的困难、活动的开展形式、孩子们的反馈、内心的感悟等做一个完整的表述，表述完之后再邀请学长学姐针对本次支教活动进行提问，并就所有质疑直接进行交流。我大致可以想象到总结交流会结束之后可能会出现下面三种情况。

① 本次支教活动虽然困难重重，但在大家齐心协力之下，我们的成果最终受到了学长学姐们的肯定。

② 群里的学长学姐们说得很对，我们这次支教存在很多不足，今后需要认真改进。

③ 虽然群里学长学姐们的质疑在这次交流之后得到了答复，但并不是所有人都满意，说明我们今后要丰富宣传渠道，让更多关注素质班支教活动的人了解一手信息。出现不满意的情况，说明我们的工作依旧存在不足，需要虚心接受建议并整改。

我想不论最终是哪种结果，都是好的结果，因为只有细心总结，才能让我们自己变得更好。最后，我会申请通过素质班支教官方账号对本次支教活动收到的所有质疑做统一答复，再把交流会的内容整理成文字公布出来，同时邀请那些默默退群的学长学姐重新进群，并向他们传递一个信息：第九届全体素质班人需要你们的持续关注！

从昨晚到现在，我已经在群里看到了第九届素质班成员的积极回复，这一转变真的很重要，你们的成长值得肯定。

今年是我加入素质班的第十年，如果时光可以倒流，我相信自己能把第四届素质班曾经所面临的一些问题处理得更好。我个人的不成熟曾经给这个团队带来过一些负面影响，毕业后的我也会常常反思自己曾经的过错。

素质班发展至今，我们这个团队还缺什么呢？

——是缺指导老师吗？不缺。宋老师一直在陪伴我们成长。

——是缺文化素养吗？不缺。班内有大把文化层次很高的素质班人。

——是缺活动经费吗？不缺。短时间内就已经募集到支教活动的经费。

那我们还缺什么？我想缺的是"躬身入局"的人。今年的巴东支教活动，历届素质班人中有多少是曾经也亲身参与过队员招募、课程制定、环境调研、课题选定、结业筹划等一系列过程的呢？如果没有全程参与过，也没有提过建设性的意见，那么此次支教活动饱受争议，我们这些老成员是否也有责任呢？素质班的这个公益"品牌"是属于全体素质班人的啊。我扪心自问，我真的没有这个底气去质疑些什么。现在的我关心最多的只是自己的工作和家庭，未来的我还能给这个团队带来什么呢？我也需要好好反思一下了。

**张同学（第七届）：**

看着大家讨论了两天，又想到我们这一届是第一届巴东支教队，我想起了很多支教的事情，写了一点点东西，可能与讨论无关，但它勾起了我的回忆，不吐不快！

那个时候去支教就是摸着石头过河，我从小成绩就不太好，第一次要当老师了，非常紧张。当时出发前，我和宋老师谈话，说自己什么也不会，咋教学生啊。

他说："你教他们能有任课老师教得好？"

我又问："那我去那干什么？"

宋老师微微一笑："一朵云推动另一朵云。"

我也没多想，就上路了，坐了高铁，又翻山越岭来到支教点，遇到了袁辉大哥（中国青年五四奖章获得者）。他带我们去了学校教室，两间20平方米左右的房间。第一夜没有住宿的地方，只能在教室睡觉，我们把课桌拼在一起，女生铺好被子睡在上面，因为只有我一个男生，我就躺在长条板凳上睡了一夜。你别说，睡长条板凳还挺舒服，而且还很凉快。当然，蚊子也很舒服。我们就这样度过了第一夜。第二天起床我就想，来这里我图啥？来给大山深处的蚊子送来湖北和湖南"混血"的优质血液吗？

后面几天就是紧锣密鼓地招生。袁辉大哥凭借他的个人魅力和在当地极高的威望，为我们领来了几十位学生，这就是我们最初的学生。最开始看到这些平均年龄在八九岁的小孩子，我就头疼。在家里要被4个侄女"折磨"，来到这里还要被这些小孩子"折磨"。为了在这些小孩子心里树立一个严肃且威猛的形象，我不苟言笑，的确起到了很好的效果。之前这些小孩子不睡午觉，其他老师说了也不听，我只要进了教室,他们就"噤若寒蝉",马上乖乖睡觉。作为团队中唯一会做饭的人,我每天过着做早餐、做午餐、做晚餐的"三点一线"生活,并乐此不疲。

这样的生活持续了好几天,直到有一天,袁辉大哥说要带我去看一个姓陈的小孩子,我答应了。我俩安全到达了陈同学的家中,可能那都不能算作家,半边垮塌的土墙屋,两层的烟棚用塑料薄膜包裹着,一个眼神清澈的小孩子站在门框都快要掉下来的门口。我历来玩世不恭的神情逐渐变成眉头紧锁、额头形成一个"川"字纹的表情。我很震惊。我无法想象现在还有这样的境况,父亲去世,母亲精神出现功能性障碍,因为房子塌了半边,所以小孩子只能够在烟棚里睡觉起居。我时不时会去看他的眼睛,很想问他为什么你的眼神如此清澈,为什么你在这样的环境中还能甘之如饴。我一时难以置信。回来的路上,我不再咋咋呼呼,而是变得一言不发。袁辉大哥适时说道:"那里的学生大部分都是单亲家庭。"那一瞬间,我心里一紧,有种说不清道不明的情绪在酝酿。

回到支教点,我才回过神来,看着在小庭院里开心玩耍的孩子们,再想想他们其中有些人可能从未享受过母爱或者父爱的时候,我迫切地想做些什么。于是在后来的课程中,我不再照本宣科地教他们某一类运动,而是尽可能多地给他们讲述山外面的世界,比如"35秒13分"的麦迪,比如武汉大学校园里盛开的樱花。我无比希望通过我的描述,他们能对外面的世界产生好奇和憧憬,萌生出要去外面看一看的美好愿望,勇敢地追求自己美好的生活。我想,我们应该给他们带来些什么。当这个想法在我大脑中闪现的那一刹那,宋老师的那句话也浮现出来——"一朵云推动另一朵云",我可以做的就是这件事。

时至今日,距离我去巴东支教已经过了好几年,但是我依旧清楚地记得那句话在我的脑海闪现的瞬间,最后热闹非凡的结业典礼我反而已经记得很模糊了,也忘记了自己的支教感想是如何写就的。

虽然那时候我品读出了"一朵云推动另一朵云"的部分含义,却仍是浅尝辄止,并未深刻理解支教的真正含义。支教不只是我给山区的小朋友带去了什么，而是这些小朋友也给我带来了什么。他们也是推动我的那朵云，让我明白当今社会仍然有着生活艰难的家庭，今天能在优渥的环境中学习是我的福分，必须去珍惜。他们的存在就像一面镜子，照出我的不足和缺点，让我在求学路上不再彷徨，勇敢向前！

**王同学（第三届）：**

同感，在过去的24小时里，"大学记忆二十年"群里的热度快比上东京奥运会国人对乒乓球女单半决赛的关注了。昨天李同学发出"疑问"的时候，我也第一时间看到了群里的消息，但还没来得及回复，群里就"火热"起来了。

自今年上半年我开始从事关于校企合作方面的工作后，对教育有了更深的理解。毕竟我从未想过自己会成为"老师"，有一天会站在大学的讲台上。作为一个从母校毕业9年、跟随素质班12年的素质班人（有幸在大一便加入素质班，其中经历了结业、换届，还管理并带领过第四届素质班和第二届贵州支教队），我筹备了素质班5周年庆典，见证了素质班10周年盛典，参与了素质班15周年聚会，也见过有活力的第九届素质班00后的学弟学妹们。素质班一路走来，周围产生了各种声音，有质疑，更有认同，有怀疑，更有追随，还有远方和诗意。

现在的我，有多重身份：妈妈、"老师"，以及曾经素质班的"学妹""学姐"。我深刻地感受到"育儿""育人"和"育员工"有着很大的区别。同时，我也清楚地认识到"教育""教训"和"教导"是三个不一样的事情。

先聊一下我的工作。今年以来，我基本上都是在和学生打交道，以前在学校的时候，就感觉宋老师能对我们这个团队一直付出是一件很了不起的事情，现在我做了这样一份工作后，就更深刻地感受到这分坚持和信念是多么难得和重要。还记得宋老师在第八届结业典礼上讲道："素质班的意义在于：一是弥补，就是在团队中发现自己的短板并努力去弥补；二是寻找，在团队中寻找自己的理想，找到那个最好的自己。团队的力量在于相互激荡、相互启迪。水本无波，相荡而起涟漪；石本无华，相撞而起火花。"要想读懂素质班，我们需要认真读读宋老师的思考，他是素质班的"1"，有了他，才有了后面无数的"0"。

然后聊一下"学生"。时代在变，人也在变，我们在不断地拥抱变化，也一直在传承历史。亲爱的学弟学妹们，有没有去了解过素质班从第一届到第八届的发展过程。正如徐同学所说的，我们可以先不正面回答，而是先去了解和反思。当然，作为学姐的我也应该反思，我们应该尊重个性和创新。

回过头来看，每一届都是特别的存在，来到素质班的人心中都有一种笃信。我们素质班人要尝试去走近彼此，去主动了解彼此，这样才能有效沟通。稻盛和夫的《干法》里面讲，不要有感性的烦恼，我们应该学会辩证思考，要有次第思维。凡事有因必有果，种好因，得好果。学长学姐们真正想看到的，可能是你们所呈现出的一种做事的态度。

这么多年以来，素质班已经沉淀了属于自己的文化，也制定了一些"班规"，以及举办活动时所需要遵循的标准和要求。虽然第九届的你们还年轻，需要更多的鼓励，但是也需要努力去适应这一传统。如果你们能在现有的环境中，譬如昨天的"碰撞"中认真体会和感悟，一定会有不一样的收获。素质班人的"忍辱负重，坚韧不拔，首战用我，用我必胜"的十六字精神，"自愿、诚信、意志"的培养条件，"忙起来，学起来，快乐起来"的宗旨，需要我们用心领悟，尤其是在校学生。爱之深，责之切，素质班人要经常看看"二十条"，想想自己加入素质班的初心。

最后想说一下支教。我看了一下，发言的成员大部分是曾经去支教过的素质班人。正是因为支教的情形我们都经历过，支教的环境我们都生活过，这才激起了我们内心的千层浪。谁叫我们都对素质班爱得如此深沉呢？

我相信这次"碰撞"对于第九届的学弟学妹们来说是一次重要的成长契机，愿你们学会智慧的语言和语言的智慧，毕竟素质班的未来将由你们创造,这一切需要你们认真沉淀和用心付出。最终你会发现,在素质班的所有付出都会在以后千百倍地回馈到你的身上。

**蔡同学(第九届):**

或许温柔的批评比严厉的批评更能减少大家的抵触情绪,但对不足之处进行严厉的批评这一做法本身没有错。如果连批评都失去自由,那么赞美将毫无意义。

我是个怕麻烦的人,再加上发生争议时我在准备比赛,所以在争议发生后我一时采取了很生硬的"两方叫停"的方式试图平稳局势。在这里,首先我需要向学长学姐们道歉,我没有权利清退任何人,尽管我的初衷是希望大家冷静下来,但这一错误的处理方式可能导致了部分学长学姐的退群,非常抱歉。

此外,我也需要向第四届巴东支教队道歉,在前期的支教准备和后期的支教开展过程中,我们班委对支教队不够关心,没能在支教队遇到困难的时候给予帮助。支教队在支教过程中遭受了很大的心理压力,我身为宣传部的一员,在支教期间的宣传工作也没有做好,没能陪伴队友们走到终点。

这次巴东之行对我来说意义非凡。最初决定去巴东,我的目的并没有报名表上写的那般纯粹。我听到了大山的呼唤,却也恐惧大山的艰难,但孩子们给了我很大的包容。我也在思考:短期支教能给孩子们带来什么?我准备的是艺术课,包括但不限于讲授绘画、文字、语言、造型和表演内容。结课的那一天,我为孩子们排演了两出话剧:曹禺的《北京人》和原创剧本《荆轲刺秦王》。虽然排演的过程并不顺利,毕竟不是所有孩子都喜欢表演,每个人的台词戏份也有多有少,但当他们分别为自己的剧组取名"狗不理"和"驴打滚"时,一起制作表演道具时,一起完成表演向观众鞠躬时,我看到了孩子们为了团队精诚合作、全力以赴的美好。有一个孩子还告诉我,他想成为像荆轲那样的英雄。教育是"一朵云推动另一朵云",哪怕只在一个孩子心里播下梦想的种子,也会有枝繁叶茂的那一天。

在调研过程中，我们多次修改、完善方案，最终决定将教育作为调研的主题。通过调研走访，我们看到了很多孩子背后的故事：关于家庭、关于学习、关于自己……有的故事让人觉得很心酸，可我们的力量却又十分有限。用杨队长的话来说：我们能做的很少，但能帮一个是一个。采购、备课、调研、复盘、打扫卫生、做饭……虽忙碌却也充实，没有人想过放弃。

第四届巴东支教活动正式结束了，虽然很遗憾此次支教没能画上一个完美的句号，但孩子们会成长，支教队的我们也会成长，我们需要反思的地方还有很多。缘聚缘散，我相信我会听到这座大山的回音。

这场"碰撞"，让我最直观地看到了素质班多元化的一面，学长学姐们和而不同的建议让所有的观点变得更加立体化。无论是批评还是鼓励，都会鞭策我们走得更远。我希望这样的碰撞未来能够越来越多，这场积极的碰撞是我们难得的成长契机。在碰撞中，我也看到了一些学长学姐对素质班第九届的质疑。素质班第九届的成长之路确实还很长，但在新的征程中，我们会努力去创造新的辉煌。这场激荡与碰撞，其实是我们的双向奔赴。

## 【老师评说】

爱之深，责之切。素质班的任何一次大型活动，都有新老素质班人的默默关注，他们也都希望每次活动都呈现出高质量的效果。就像胡羿同学所说的，生怕自己的不努力，而让你们觉得素质班不过如此。

每年素质班的暑期支教，让相隔千里的你、我、他成为"我们"，使"各自"成为"大家"。要感谢当地的乡亲们和孩子们，是他们的信任，才让我们有这样一次又一次成长的机会，我们也深深地热爱这片神奇而又多情的土地；要感谢那些留名或不留名的素质班人和素质班的亲朋好友们，是他们的慷慨解囊，让我们的支教活动坚持了这么多年；要感谢每一届的支教队队员，正是因为他们用心的付出，因为他们挥洒的智慧和汗水，才能让乡亲们敢于把自己的孩子托付给他们，这不仅是对孩子的日常托付，更是对孩子美好未来的期冀；要感谢这个时代，感谢每一个心中充满阳光和爱的人。

社会实践是学生在大学期间受教育的一个重要环节，素质班很重视学生的社会实践，这么多年的经历就是最好的证明。这是以大地为教材的教育，对美好生活的向往通过社会实践根植在学生们的心中。我们很重视每年支教的结业典礼，目的是让这种仪式感促成另一种使命感。《小王子》中写道：仪式感就是要使某一天与其他的日子不同，这某一刻与其他时刻不同。有仪式感的人，会使将就的生活变成讲究的生活，会让平凡的日子散发出迷人的光芒。正如我的同事看了我们素质班制作的微电影《守望》后说道："师者能最大限度地激发出学生心底的善良，并将这一些本质的东西传递下去，这就是美德。"

"教育是一棵树摇动另一棵树"，作为一名老师，内心最动容之处，就是当你站在讲台上，你就对下面的孩子产生了影响，你可以在孩子们的心中种下希望的种子。教育的过程是教育者和被教育者知识相传、情感相连的过程。这绝不是单一的流向，教育学生其实也是对自己最好的教育，可以让人性的美无限地释放出来。

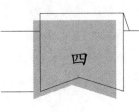

# 四 "为成长加分"还是"为考试加分"?

（2022年5月11日）

本次事件的背景要从一篇关于素质班的长篇报道说起。2022年5月9日《中国青年报》刊发了题为《"不为考试加分，只为成长加分"——一所地方高校社团18年的素质教育试验》的整版报道。这篇报道是中青报记者在对素质班进行长期跟踪、采访和调研后写就的。

这篇报道刊发后，长期关注学生素质教育的中国青年报退休记者谢湘在朋友圈对其做了推介，她写道：

> 湖北经济学院宋健老师创办的学生素质班，是一个非常有价值的、有典型推广意义的教育样本。尤其是在世界未来变化尚难确定的当下，如何帮助学生提高多方面的素质，以适应社会的发展、增强个人抗风险的能力，对教育者和受教育者而言，都是需要讨论和思考的话题。
>
> 这也是经过"一次漫长的奔跑"而完成的文章。早在8年前，也就是2014年的时候，我曾应邀参加过湖北经济学院素质班十年庆的活动，因此认识了素质班的创办人宋健老师，也对素质班人的印象非常之好。因一直希望掌握更多更丰富更生动的素材，当时我没有急于动笔。没想到这一搁，竟搁了8年。

我特别感谢我的年轻同事、《中国青年报》湖北记者站的现任站长雷宇，还有新记者杨洁，他们一直持续地关注并追踪着素质班的成长和发展。终于在今年，终于在今天，将经过四易其稿、反复打磨的这篇教育通讯呈现在读者面前，帮助我实现了未能完成的心愿。

"教育还是要回归到生活和人本身，求知求真（真实和真理）这些本应该是我们去追求的。"宋健老师和他的夫人金艳老师同是华中师范大学的毕业生，他们一直执着于这样的认识和追求。

有时我看到生活中像宋老师、金老师这样一些朴实的人一直默默地坚持做自己认为对的事情，心头总会掠过一阵感动。

素质班常用的一句话说得很好——"一群人可以走得更远"，让我们和宋老师、金老师及素质班的同学们一起继续同行吧！

谢湘对此文的转发和评论获得了众人的一片点赞，却也因为该报道的标题引发了与一位教育行业的老朋友之间的争论。一位资深记者、一位教育专家，围绕"不为考试加分，只为成长加分"这一标题所涉及的教育问题展开了一场小小的辩论。

素质班指导老师宋健在经谢湘老师同意后，将这场由报道标题引发的辩论发到素质班微信群里，让素质班人自由讨论。以下是微信群中部分讨论内容的摘录。

### 宋健老师：

素质班的同学及朋友们，上午好。在报道刊发后，这两天我们得到了一片赞许，但也有些争议甚至质疑的声音。我想，让素质班人了解一下外界的不同声音是必要的，对这些不同的评价，你们也是最有发言权的！以下是今天早上谢湘老师发给金老师的信息。

### 谢湘老师：

昨天发生了一件有趣的事情，因为素质班这篇报道的肩题——

"不为考试加分,只为成长加分",我的老朋友王老师和我争论起来了。开始时他给我留言,我回复了他两句,后来他又煞有介事地写了一篇比较长的文字放到他的朋友圈去讨论。待晚上把孙子送走后,我也坐下来给了他一个长长的回复。我们都是学中文的,你可以谈谈你的看法。争论有,情谊在。这是我对王老师说的,他也乐于接受。王老师认为,我们的争论显示出教育的专业人士和非专业人士的区别。

**以下是我的老朋友王老师发到自己朋友圈的内容:**

♯明说真教育♯《中国青年报》以《"不为考试加分,只为成长加分"——一所地方高校社团18年的素质教育试验》为题,介绍了湖北经济学院"悄无声息"地办了一个长达18年的"素质班"社团的经验,这当然很好,也值得推广。我只是对这标语"不为考试加分,只为成长加分"(不知是学校起的还是记者想的)提点看法。

我以为,有两个问题应厘清:一是成长是什么样的成长;二是考试算不算成长。考试与成长是对立关系吗?不可否认,眼下不少地方和学校将考试与教育完全等同起来,成为所谓"应试教育"。畸形的应试教育是必须反对的,但必须分清,应试不等于应试教育,更不能以反对应试教育之名抹黑考试。教育的内涵一定要包括考试,可以说,没有考试的教育是不完整、不科学的教育。而将考试与成长对立起来的提法显然不妥,也不符合教育规律。一个人健康、全面地成长,一定要包括考试的经历,即包括接受科学教育的经历。

作为有影响的媒体,应该努力宣传正确、科学的教育观,而不是由一个极端转向另一个极端。如果一定要用这样的标语,是不是改为"不为片面考试加分,只为健康成长加分"更好呢?!

**以下是我针对上述评论的回复:**

王先生:你好!看来你是很认真地把"不为考试加分,只为成长加分"这句标题作为一个值得讨论的话题来思考、来辨析。但我并不觉得这句话有什么问题,完全在人们可以理解的范围内。这里所说的考试,并不一定专门指应试考试,也可以泛指学业。成长是一个博大的概念，学习能力的提升是包含在其中的。在那些二本院校中，很多学生认为没考上理想的大学，就是人生的最大失败，因而精神萎靡不振，痛苦迷茫，成长出现了障碍，这种现象非常普遍。为成长加分，就是在非智力方面为自己加油——重新拥抱激情，运动起来，锻炼自己的意志品质，主动关心社会及身边的人和事等方面，无非如此。如果这篇文章的标题真要采用你的提议——"不为片面考试加分，只为健康成长加分"，如此地直白，具体得不能再具体，不知别人会怎么想。

**金艳老师（素质班友人）：**

谢老师早！宋健也注意到了，他早上给我看的时候，我们俩还稍稍聊了一下。

可能从文字上来抠的话，站在专业立场上，王老师的话有一些道理，我们也理解他对全人教育的呼唤。

但是我觉得，可能从写作的角度来说，文字一定要看"语境"。在我看来，"语境"有好多层面，往大了说有文化语境，具体到这个事件本身，有情景语境，落实到文本上，还有关联上下文的文本语境。从各个层面上来看，"考试"和"成长"到底是怎样的一种关系呢？如果说是对立的关系，那我觉得某种程度上是自己选择把考试和成长对立起来了，成长本身应该是包含我们一般所理解的考试的。

确实像谢老师所说，这一群孩子，可能只是因为考试方面的一点点差距没有进入所谓的重点大学。当时宋健办这个班，一个初衷就是觉得，这群孩子如果没有人对其加以引导，会不会陷入抱怨或是"躺平"的状态。即便他们想要努力改变，也只知道拼命考研考证而已。

身处大学校园里，我们最清楚，哪怕毕业于"211"大学，其实也能看到很多学生成了考试机器，我常常觉得很可惜。我在教授文学类课程的时候也会跟学生们讲这样的例子，就是马上要期中考试、期末考试了，学生们以各种疯狂的状态背书——趴在教室的地上、靠在大厅的墙上、蹲在板凳上等，总之是以各种方式拼命背书。甚至我还不止一次看到过这种场景——有的学生在恨恨地背书，背了一张，扔掉一张，背了一张，扔掉一张……他们扔掉复习资料的那种举动，像是怀着极大的恨意。我有时候在想，好可惜，像这样即便是通过了各种考试，拿到了不少学分，也顺利地毕业了，甚至走向更高的学业阶段读硕士生、读博士，但是原本饱满的生活激情已经被各种考试消磨殆尽。

当初宋健想办素质班时，其实我是反对的。我觉得以一己之力去做这样的事情，实在是吃力不讨好。甚至很多人会认为你不务正业，是为了出风头。但既然做起来了，就选择义无反顾吧。

关于成长，这是一个人们很关心的话题，成长是一辈子的事情。成长和考试并不是对立的，如果硬把二者对立起来，那说这话的人本身就是把素质教育和应试教育视为一种对立关系。当然，学中文的人喜欢咬文嚼字，这是我们的优点，但有的时候可能也是我们的一点点"酸腐"。在这篇长长的报道中，写到了老宋作为指导老师，一直带着孩子们在用课余的时间"搞事情"，老师如此，学生也如此。而这些孩子在素质班里收获的成长，不仅没有耽误他们的学业，还为其学业发展提供了源源不断的力量。作为二本院校的学生，素质班里有不少考上重点大学硕士生乃至考上博士生的，更难能可贵的是，这些孩子拥有了克服各种困难的毅力和去做自己想做的事的勇气。向谢老师汇报一下，素质班现在正在做一件事情，就是把大家对《中国青年报》这篇报道的感悟，把朋友们、家人们、素质班人对相关问题的一些探讨汇总起来，我们希望呈现一个更真实的素质班，如外人怎么看素质班，以及我们身处其中的人怎么看素质班等。

待我们这几天把感悟整理好了以后，也会发给您和雷老师过目，我们想用素质班人自己的所思所想来回答关于"考试"和"成长"的问题。这两天我看到素质班人的各种感悟，也逐步坚定了自己的一些认知。

就在昨天晚上，第八届素质班刚刚毕业参加工作的胡奕同学写下了一篇文章，引发了大家热烈的回应。就让素质班人自己来阐释他们所理解的成长吧！一旦内在的生命热情被点燃，考试恐怕就已经不是事了。

**宋健老师：**

素质班走到今天，已经是第九届、第18个年头了。当初决定办素质班时，几乎没有人看好，家人也不太赞成，说是个吃力不讨好的事，但我最后还是义无反顾地办起来了。我知道，从此我便选择了一条少有人走的路！素质班走到今天，仍存在着各种争议，当然也有一直给予支持和理解的人。

在10周年庆的时候，我曾经想过放弃，结果素质班人都不答应，庆典还没结束就新建了素质班"大学记忆二十年"微信群，于是，这一路走来又是8年。我觉得，既然选择出发，便只能风雨兼程！

**彭同学（素质班友人）：**

宋老师，我看完了，感觉可以哈哈一笑！还是用那句话来回答——"实践是检验真理的唯一标准"，素质班好不好，素质班人（包括友人）最有发言权！

**王同学（第一届）：**

今天看了老宋发的内容，我内心深有感触。也有一些心疼，不知道素质班这18年来老宋默默承担了那么多，承受了那么多。

当初老宋建立素质班的时候，初衷就是为了让学生们建立健全的人格，拥有健康的体魄，爱好读书学习，永葆向善向上的精神状态。现在想想，我的内心特别感动。18年前，老宋凭着对学生的热爱，为我们指明了一条正确的路。

我现在的状态是，每周会去参加一次读书会，大家也会在读书群里分享自己最近的读书感想，我觉得这样特别好。另外，我坚持运动，每天早上都要运动一个多小时，而且最近我正在早睡早起，已经持续了一个多月。我为自己现在的改变、自己的坚持而开心。

静下心来想一想，难道我现在的生活态度不正是冥冥之中注定的吗？18年前老宋就为我们规划了人生，为我们指明了方向，就像神明的手指，为黑暗中前行的人指一条明路。多么幸运，刚入大学步入青年时，就遇到了老宋这样的老师！

**邓同学（第二届）：**

自素质班诞生之日起，就一路伴随争议，外界对其的质疑也从未消停，我们早已见怪不怪。

我原来在校时，就曾因为忙于素质班的活动而被自己的室友和老师不理解甚至嘲笑，起初还为此与他们争论、置气，久而久之，我逐渐明白了夏虫不可语冰的道理，也就懒得去回应了。因为只有我自己知道，当我在组织并参加各种活动的时候，那些嘲笑我的人在打麻将、打游戏，当我在腾龙大道上晨跑时，他们还在被窝里呼呼大睡、鼾声四起。

和素质班的老师、朋友们多年以来建立起的深厚友谊，虽然没有给我带来丰富的物质财富，但是赋予了我健全的人格、科学的思维方式、正向的能量。我想，这才是对我最大的影响与改变。

从我加入素质班的第一天起，我从未奢望过它能让我脱胎换骨，让我大富大贵，但是它对我的影响却一直都在，并可谓深远。那些良师益友，值得我用一生去珍惜。

**金同学（第九届）：**

首先，作为第九届素质班的学生，我个人感觉自己是不怕考试的，因为我们从小就在应试教育的环境中长大，考试已经成为我们检验自己学习成果的一个工具（比如我在高三一年，仅大型考试就有30场以上。据我观察，考试之前，同学们反而更放松，因为马上就能知道自己学习的结果），考试及其结果就是为了让学生更好地走向自我完善的道路。但我同样觉得，作为检验工具的考试不能给我带来课业知识之外的东西，而让我们真正获得成长的方法都在考试之外。

其次，作为一名大学生，我在上了大学（加入素质班）后才感觉到自己在被用心地教育，之前的生活中没有人会对我有考试之外的要求。

最后，我个人认为，成长真的是一件个人的事情。在以考试为目的的教育里，我的脑子里天天想的都是解题技巧和思路，但是在以成长为目的的素质班里，我看见了我自己，也看见了很多伙伴，这让我的心灵十分充实。这是我作为一名从应试教育中走出来的大学生个人的看法。

**史同学（9741 班）：**

王先生在看到该报道标题时，选择性地忽略了当下的教育环境与该报道的语境，他没有体会到这18年来素质班在成长过程中的点点滴滴和素质班人脸上洋溢的幸福微笑。我虽然没有成为素质班里的一员，但作为宋老师素质教育理念的受益者，我坚定地支持宋老师。同时，我也提出一个不够成熟的建议，既然标题让人产生不同的理解，可否将标题前面的"为"改为"唯"，改为《不唯考试加分，只为成长加分》。

**王同学（第三届）：**

这么些年来，素质班一直都在走自己的路。我们这个集体非常欢迎有不同的声音，有争议并不可怕。

这篇报道中，关于考试和成长是否对立的解读与读者的心态有重要的关系。在素质班这个环境中，我们可以自由成长。因为有了"二十条"，我们更加注重个人素质的提升，即使是考试也要考好。看着大家都挺有干劲、有思想、有主见、成绩好，这反过来驱使我更加积极向上，更好地应对考试。因此，在这个过程中，考试和成长并不对立。不同的环境，不同的生活阶段，不同的生活际遇，不同的圈子，都会对考试和成长有不同的理解，所以我们一定要进入语境来看待这个标题。

**张同学（第九届）：**

王老师提出的问题或者说与此相似的命题已经被讨论很久了。大家都同意的是，成长和考试并不冲突。我想在今天，没有人会否认应试教育本身具备的科学性和系统性，也没有人会否认应试教育本身是具有缺陷的。

作为经历过应试教育的人，我觉得，应试教育最大的缺陷在于缺乏个性。每个人其实都有个性，每个人的人生轨迹也是不同的。但在应试教育下，我们的课本是一样的，我们的试卷是一样的，我们的时间被课程排得满满的，我们去哪里寻找独特的自己呢？

首先，素质班在制度上并没有否认应试教育考试本身的合理性。其次，素质班激发了我们去热爱生活、发现自我，寻找自身更多的可能性，并给我们创造了许多机会。素质班里的很多事情都由我们自己决定，因此可以充分发挥我们的个性和创造性。再次，每个人都会有孤独的时刻，素质班的包容便给各种各样的人提供了一个温馨的场所，可以为这些孤独的心灵提供休憩、依靠、喘息的角落。素质班人之间以家人相称，家人是一个带有温度的词语，正是素质班，让这些不同的心灵可以彼此依靠、相互温暖，这难道不是一种美善和值得提倡的事情吗？

初中和高中阶段，我把自己当成机器一样对待，给自己制订了严密的学习计划，并且坚持去执行。考上湖北经济学院之后，我心里想的就是以后要考上更好的院校。在加入素质班之后，我深觉生活本应是多姿多彩的，人也是各色各样的，每个人都不应该被小看，也不应该小看自己。我渐渐发现，身边处处都有很厉害的人。我深觉自己的水平不足，很多次演讲完总是惴惴不安，但家人们的鼓励和笑容总会鼓励我再一次站上演讲台。

我并不是很有勇气的人。但在这里，我们素质班人遇到困难时会一起解决，没有人会冰冷地否定我，人与人之间的相处和交流是有温度的。渐渐的，我发现自己不会再莫名地自卑，而是更加坦然地面对自己，以各种方式去提升自己的勇气，并用这日益强劲的勇气去疗愈自己。素质班治愈了我，并给了我治愈自己的勇气，我相信也有和我一样被它治愈的人。

最后我想说，在看《追随我心》的时候，我深觉宋老师的不易。如果说人们最开始是一群相互残杀的狼，那么最先提出团结的那头狼无疑是伟大的。宋老师走这样一条少有人走的路，本身就需要莫大的勇气和心力，何况还坚持了18年之久。我没有见过宋老师的眼泪，但他的真诚和爱总是从眼睛里流露出来。因此，我们对这个标题的理解，一定要在素质班的内核中去寻找。

**金艳老师（素质班友人）：**

作为第九届的代表，张同学的文字可以说深刻阐释了为什么跨越18年，素质班人依然可以心心相印、彼此相托。总有人问，为什么素质班的培养需要两年这长的时间，为什么素质班总要"搞事情"，核心原因就是素质的养成实在不容易。正像中午金同学所说，以往没有人教我们除了考试以外的事情。

一个人内在素质的养成本就不易，而多年应试教育的重压使得素质教育更加艰难，因此，我们更要抓紧时间开展素质培养。素质的养成是一个需要不断内化的过程，内化的基础和前提是有可以内化的东西。于是，素质班人不断地去践行"二十条"，在各种活动平台上勇敢地站出来、站上去。只有不断地尝试和锻炼，才能从胆怯走向从容，从稚嫩走向成熟，从封闭走向开放。别人无法代替你的成长，但我们可以一起成长。素质班就为大家提供了这样一个平台。

两年时间里，无数次主动和被动的实践，使得"搞事情"逐渐成为素质班人的一种习惯。素质班人的内在素质也在慢慢养成，自己所期待的样子也在慢慢成形。为第九届的你们点赞！为每一位素质班人点赞！正是你们的努力，使你们的成长一再被看见！

**袁同学（第八届）：**

"不为考试加分，只为成长加分"，当看见这个标题引起一些争议时，我不禁做了一些思考。那我就先从语意和句式上谈一谈考试和成长是否对立吧。从语意和句式上讨论，最重要的是先厘清"不为A"

和"只为B"这一组关联词是否真的把A和B放在了对立的位置上。这个句式让我想起了这样一句话：不为读经，只为明道。难道读经和明道就是对立的吗？我想是没有的。只是应该把明道放在更重要的位置，不要本末倒置，这和素质班强调成长的重要性是不谋而合的。因此，"不为考试加分，只为成长加分"中的考试和成长并不是相互对立的。

"不为考试加分，只为成长加分"，我第一眼看到这个标题的时候，就想起宋老师在《健谈》里面说过的这样一句话："在素质班，没有分数，只有分享，不谈成功，只谈成长。"这句话清晰地表明了宋老师创建素质班的精神理念。宋老师正是看到无数学生在应试教育中泯灭了个性，成为应付考试和学习的机器之后才创建的素质班。他想借着这个平台对刚进入大学的学生进行"二次教育"，希望健全学生的人格、培养学生的个性、锻炼学生的思辨能力，让学生感受运动的魅力和快乐……如今素质班已经18岁了，宋老师的学生也已经遍布大江南北。经历了漫长的岁月，如果素质班不够好，也不会被媒体看见、认可和报道。

素质班并不是第一次被质疑，素质班就是在质疑声中出生的。从创建素质班开始，就曾有过反对的声音，在素质班第二届的时候就有人提出了"素质班真的是无懈可击的吗？"的疑问。到如今素质班18岁，即将迎来她的成人礼，却仍然在遭受质疑。但每一次质疑，都被素质班人转化为向上生长的动力。就像陈莹学长所说的，遭受如此多的质疑本身就是素质班人的成功和骄傲，是喜事和好事，不是坏事。

最后借用金老师的一句话作为结尾：一旦内在的生命热情被点燃，考试恐怕就已经不是事了。

**宋健老师：**

很喜欢并享受这种热烈、开放的讨论。古希腊哲学家苏格拉底由于与自己的学生建立了一种自由、平等、开放的探讨方式，极大地启发了学生的智慧，使学生产生了强烈的表达欲望。因此，苏格拉底的两位弟子色诺芬和柏拉图便以自己的理解方式记录下苏格拉底生前与学生们的对话。在自由、平等、开放的讨论中，我们注重的是过程而不是结果，我们尊重并欣赏每个人的观点。看到大家深刻的思想和真挚的情感，我很欣慰，也很满足。"吾爱吾师，吾更爱真理"，我为你们而骄傲！

**刘同学（第二届）：**

"吾爱吾师，吾更爱真理。"我们每个人或多或少都加入过一些社团。像素质班这样，完全免费，还能自由表达自己观点、共同成就一些事情的社团，真的不多。发表观点是容易的，但真正将一种精神践行18年，将一群人聚在一起18年，真的太难太难了。

我每年生日的凌晨，梁同学都会给我发生日祝福。现在每年还有学弟学妹接力给我发短信确认地址，给我寄《大学记忆》。这些事情，坚持18年，传承18年，真的非常难得。回想起来，从加入素质班开始到现在，我付出的微乎其微，得到的却很多很多。

**安同学（第八届）：**

刘学姐在信中写道，走出校园进入社会后，年轻人大多按部就班生活，很少去探讨生活的意义。在素质班待过的我深受"一朵云推动另一朵云"思想的影响，也想要影响更多的人，于是我参与了西部计划，来到了西藏的一个县城。我们县有9位志愿者，我作为队长，不愿意看到在青春年华本该继续生长的树停止生长，因此尽了最大的努力来让大家尽可能多地学点东西，这是很困难的事情。就像刚开始我在素质班当组长时不知道怎么去带组，但坚持几年后，组内还是有变化的，我很高兴。西部计划第一年的服务期只剩三个月了，我要追随宋老师的步伐，尽可能地推动另一朵云，或许还不只一朵。我不会讲话，但是我觉得自己能够在一定程度上阐释宋老师所做的事情是正确的。我被点燃了，所以我也要做一把火炬，来点燃更多的人。

**张同学（第二届）：**

群里的消息不断更新，但我觉得对于标题的争议没有什么意义，但其作为引子，让大家发出了许多真知灼见，这倒是非常有意义的。

虽然素质班里受启发的是我们，但是受益的却是我们每个人身后的家庭、单位和社会。宋老师办素质班，这是一件正确的事情，是一件无法衡量价值的事情。

最后我想说的是，现在不是我们素质班过去和未来最艰难的时候，也不会是最风光的时候，但却是它最值得被期待的时候。未来，也许素质班会停办，但我还是希望素质班的精神能传承下去，去影响更多的人。我为素质班做得很不够，但还是希望我们素质班人更多地交流互动起来，让我们彼此的成长更多一些滋养！

**付同学（第四届）：**

其实这篇报道中的几个小标题比主标题要好得多，抓的点也很到位。

第一个小标题紧扣"二十条"，就不用说了，这是核心的东西。

第二个小标题——"唤醒自我"，点到了教育的本质，也十分符合素质班的导向。应试教育模式下的学生，很多都忽视了自我的潜能，学习是为了考试、为了分数，但是走上社会后，遇到的大部分问题都是没有程式化答案的，素质班则在某种意义上让大家重新回到生活本身。忘记了之前是谁说过，素质班的孩子一定要烧一手好饭。热爱生活的人，是受人欢迎的，也更能经受人生坎坷与困境的。

唤醒自我，也是让大家遇见新的自我、未知的自我。在素质班的各种经历都是为了让自己不断走在探索自我的路上。我想这样的经历，也会潜移默化地改变一些人的人生选择与轨迹。安同学决定去西藏奉献青春，可能就与素质班的影响有关。

唤醒自我，是要更好地认识自我，知道自己想要的是什么，找到自己要走的路。要能自律，沉得下心来，这样幸福感也会增多。

第三个标题是"一群人可以走得更远"。有时候我们很难找到自己想走的路，但与素质班的相遇，帮我们解决了一个问题：与谁同行？在毕业后，很多同学都会渐行渐远，但素质班的同学之间总会有种一见如故的感觉。可能"素质班"这三个字本身就代表着一种身份认同吧。

三更有梦书当枕，千里怀人月在峰。素质班人因为"二十条"结缘，躬身其中"唤醒自我"，在其中遇见彼此。哪怕岁月流走，我们依然会守望相助，依然会弦歌不辍。我们也会走得更远，有更多的故事。但某种程度上，我们也在把素质班的理念和形象播往更远的地方。

一切故事，都是时间的故事。18年，330万字，几万里路……我想，其间的艰辛、无奈，还有妥协，只有宋老师自己最清楚。但更多的依然是收获，是感动，是欣慰，因为心怀热爱的人，不会孤独。如今大木初成，回望来路，宋老师肯定也觉得当初的笃定尤为珍贵。

教育的产品是人，宋老师和素质班成就了很多人的人生。金老师分享的文章里有一句话："也许老宋自己都不知道，一个学生的热情，是在何时不经意间被点燃并让他发生改变的。"个人读了很感动，我想，如果没有遇见素质班，很多人可能就迷失在了另一条轨道上。正因为大学时代里的这一场相遇，他们有了更多追求美好生活的力量。

这样的故事，多么美妙，就像我们看着一棵棵小树苗不断成长，逐渐开花结果，以至蔚然成林。而这些丰富多彩的故事，都有一个共同的源头。

青春，初心，成长，奋斗，守望，奉献，奔跑，感恩……想起素质班，我就会想到很多美好的字眼。我想如果你来过，如果你还坚持着最初的坚持，你的生活一定会继续被这样的字眼所包围。

人生如朝露，短短长长的故事终会落幕，但藏在心底的眷念与携手同行的感情却将历久弥新。

世界上没有完美的事物，素质班也会有一些自身的问题。有很多人来了又走了，觉得素质班不过如此。加入素质班只在一时，而要真正唤醒自我，看到改变，却在于日后的坚持。或许你在素质班经历了两年，却觉得自身的改变不是特别明显，但如果你肯坚持下去，我想，结果一定不会太差。就像素质班坚持了18年，今天宋老师的桃李已满天下。18年，一段漫长的旅程，可能今天素质班的成就早已远远超出宋老师当年的预期。这就是相信的力量，也是坚持的力量。

最近单位工作比较忙，因此我一直没有看群里的消息，今天中午才完完整整地读了一遍，内心颇有感触，信笔至此，不到之处，敬望谅之。

## 【老师评说】

实践是检验真理的唯一标准，学生们的成长成才足以证明素质班培养模式的正确性与有效性。至于这篇报道的标题所引发的是"为考试加分"还是"为成长加分"的讨论，倒显得无足轻重了。

素质班包容的培养环境，让每一个人都有了展示自己的舞台。素质班人在充实快乐的生活和学习中，不断培养自己的兴趣，提升自己的能力；在活动策划中不断尝试新的方式，逐渐找到自我；立身在不断变化的环境中，鼓起勇气去做最好的自己。作为教育工作者，今天，我们为生命创造无限的可能；明天，这些生命将会为社会创造无限的财富。

忙起来，学起来，快乐起来。把良好的习惯和优秀的品格坚持下去，它将为人生带来丰厚的回报。知识、健康、友谊，这些人们所共同渴望的东西，并不是与生俱来的，而是需要付出努力，在提升综合素质的基础上才能获得的。当把锻炼、运动当成一种习惯，疾病就不会轻易来袭。当把阅读、写作当成一种习惯，愚昧就不会轻易现身。当把沟通、合作当成一种习惯，失败就不会随意敲门。当把珍视时间和友谊当成一种习惯，堕落就不会化作深渊。

在真切的生活与热忱的实践中，唤醒自我，点亮他人，时间将会给予你最丰富的回报。

# 下篇

## 青春成长中的探寻

教育要回答的根本问题，是培养什么人、怎样培养人、为谁培养人。社会的发展，需要情感充沛、有社会责任感、充满朝气、有血有肉的年轻群体的参与。没有一个个成熟独立的个体，大学就只是批量生产学习机器的加工厂。人并非抽象的概念存在，亦非生活在真空之中。一个人的成长和进步，源自那些看似微不足道却又极其具体的生活琐事。在大学里如何成长，是学生和大学都要面对的问题。

作为具体的成长个体，每个人在成长过程中遇到的问题、产生的困惑不尽相同，但在生命过程中最具有活力、激情、探索欲望的青春阶段，大学生们又会普遍遭遇一些共性的问题。本书下篇列举的20个问题，综合体现了新时代大学生在价值塑造、品格养成、能力提升等素质养成过程中较为突出的问题，其中大部分话题在上篇"生活实践中的思辨"中有不同程度的呈现。

每个问题的探讨，都由案例导入、问题探讨、老师评说、学生感悟四个部分构成。其中，"学生感悟"多来自素质班人的切身体会，这些感悟有的是他们在学习和实践中的总结与发言，有的是他们在实践过程中写的日志，有的是他们为班刊《大学记忆》写的稿件，等等。这些学生感悟也许文笔并不精致，行文也略显粗糙，却是无比真实与真诚的。

作为教育工作者，让我们与学生一起面对问题，思考探索，答疑解惑，共同成长。

# 一　自我未来建构

## 1. 我们要怎样的诗和远方?

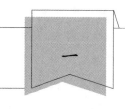
【案例导入】

据河南某媒体报道,职业学院新生宋某在入学后不喜欢所就读的专业,对大学生活感到迷茫,遂于次年选择退学。他在退学申请书中说,自己退学后想做三件事:一个是爬长城,一个是渡长江,一个是渡黄河。

春节过后,宋某拿着家里给的钱开始了自己的旅行。他从未将途中遇到的危险告诉父母,而他并不识字的父母则在农村终日劳作,为家里有个"大学生"而骄傲。宋某说,自己将用 2 年时间走遍全国,再用 3 年时间环游世界,然后做与旅游文化相关的事业。他希望有人能资助他继续走下去,也希望自己在旅游中写的见闻和拍的照片能够给自己带来一些收益。

【问题探讨】

所谓诗和远方,并不是可以轻易定义的概念。它不是我们逃避现实的避难所,也不是幻想出来的世外桃源,而是对人生意义的一种真诚叩问。每个人都应该找到自己的诗和远方,一个国家也是如此。

谈到这个话题,我想到 2021 年热播的电视剧《觉醒年代》。2021 年恰逢中国共产党成立 100 周年,这部剧将我们带回百年前那个风起云涌的时代,看到了一群先进知识分子为了国家、民族的前途而奋力奔走的景象,感受到青年学子走在时代前列、担当历史使命的爱国精神。在中华民族遭遇危难之时,一批有志青年挺身而出,掀起了震惊中外的五四爱国运动,自此中国青年作为一支新生的社会力量登上了历史舞台。

在《觉醒年代》这部剧中,令人印象深刻的有陈延年、陈乔年兄弟。延年、乔年兄弟,是我党早期领导人陈独秀的长子与次子。大家可能会认为,受父亲影响,他们从一开始信奉的就是共产主义。但恰恰相反,他们早期笃信的是无政府主义,尤其推崇克鲁泡特金的《互助论》。为了践行"互助论",二人还在北大发起成立了工读互助社。可惜不到两月,社内便出现经济危机,成员矛盾加深,互助社最终破产。在法工读早期,延年、乔年仍然坚信无政府主义,当他们听说自己的父亲正在筹备中国共产党时,对之十分不屑。

1921 年,留法勤工俭学的学生群体中爆发了三次重大斗争,促使他们逐步觉醒并抛弃了无政府主义。1922 年,两人加入周恩来、赵世炎等人发起成立的旅欧中国少年共产党,成为坚定的共产主义战士。回顾他们的思想转变,可以看出,我们的党,我们的主义,是经实践检验后才被这些优秀的仁人志士所信任和选择的。

然而在这部剧中,最令人痛心的场景,正是延年、乔年两兄弟的牺牲。1927 年,陈延年被捕。"革命者只能站着死",他宁死不跪,壮烈牺牲,年仅 29 岁。1928 年,陈乔年受尽酷刑,宁死不屈,光脚走在血水和泥水里,遍体鳞伤,从容赴死,年仅 26 岁。

龙华地区的桃花,在盛开的年华里凋零了,但为实现共产主义而奋斗的理想,至死没有变色。仍然记得,乔年被杀害之前,留下了一句话:"让我们的子孙后代享受前人披荆斩棘的幸福吧!"

100 年后的今天,这些披肝沥胆的前辈们终于得偿所愿。现在,我们不用再担心炮弹、饥馑、外族的欺压,可以自由地工作、学习和生活。不少年轻人问《觉醒年代》还有续集吗,其实,我们现在的幸福生活就是最好的续集!

百年回望,青春的力量始终生生不息,让我们不忘来路,勇往直前!试看,中国共产党成立之时,中共一大代表们的平均年龄只有 28 岁,这个"最牛创业团队"经过 28 年艰苦卓绝的奋斗,带领广大人民群众建立了新民主主义国家;社会主义建设时期,邓稼先领导的原子弹研究团队,成员几乎都是刚毕业的大学生,平均年龄不超过 23 岁;科技强国路途上,"嫦娥团队"的平均年龄只有 33 岁,"火星天团"的平均年龄更是不足 30 岁。青春之歌,正响彻云霄,这正是我辈青年人该追求的诗和远方。

有首小诗这样写道:"你没有落后,也没有领先。在命运为你安排的属于自己的时区里,一切都准时。"在自己的时区里,我们都可以准时抵达。所以,当你内心迷惘,对未来忐忑不安,当你身遇挫折对现实伤心绝望,不妨静下心来,找到自己的时区。

时代在变,世界在变,心有多大,天地就有多宽。习近平总书记寄语青年:每一代青年都有自己的际遇。广大青年既是追梦者,也是圆梦人。追梦需要激情和理想,圆梦需要奋斗和奉献。广大青年应该在奋斗中释放青春激情、追逐青春理想,以青春之我、奋斗之我,为民族复兴铺路架桥,为祖国建设添砖加瓦。

## 【老师评说】

抵达诗和远方,并不是无条件的。这不是一个一蹴而就的过程,需要我们不忘初心,坚持求索,为最终的抵达创造和积累有利的条件。有时,走在出发的路上,我们还应想想,这个诗和远方是不是自己真心所向,抑或只是为了逃避现状而臆想的一处桃源。

当我们憧憬着诗和远方的时候,往往容易犯一个认知上的错误,就是不愿意为眼前的生活付出更多的努力,承担更多的责任,这无异于一种逃避。

只有经历过苟且,才能真正体味诗和远方的意义。如果你还未摆脱眼前的苟且,也大可不必视苟且为仇敌,对眼前的现实满腔愤懑。若你能够在苟且中茁壮成长,那么你就在拥抱诗和远方,我们需要在苟且中保留一分面对现实的坦然和自信。

如果你有崇高的志向,想让自己的青春岁月留下闪光的回忆,那你应该把那"远方的梦想"与家国天下联系起来。远方在哪里?在保家卫国的边防线上,在偏远地区的支教课堂上,在扎根基层的奋斗岗位上……把青春融进党和人民的光辉事业中,融进民族复兴的伟大征程中,你自会看到那如诗的远方。

【学生感悟】

## 读万卷书不如行万里路

文/杨家瑞(素质班第十届成员)

大家一定听过一句古话叫百闻不如一见,这说的是亲眼看到的远比听别人说的更为确切可靠。伯乐的儿子照着伯乐所说的千里马标准去找千里马,最后找到的却是只癞蛤蟆。只会按图索骥,那么找到的东西往往面目全非。这时候我们就需要有自己的理解,用自己的眼睛来看世界,带着自己的思考与追寻,逐步清晰地描绘自己所期望的诗与远方。

我们现在所处的时代,信息资讯格外发达,我们可以通过各种平台学习到各种各样的知识,但是这并不能真正拓宽我们的视野,就像井底的青蛙,给了它望远镜,它看到的也仍是头顶的那片天空。

在生活中,我们经常会被告知要不断阅读各种书籍,这样才能获得知识和成功。这种做法在某些情况下是正确的,但并不完全正确。读书的确可以为我们提供丰富的知识和经验,但这并不是唯一的途径。

与此同时，我们不能忽视实践的重要性。只有通过亲身体验和实践，我们才能真正理解世界和自己，发展出自己独立的价值观和人生观。行万里路，不仅能够让我们开阔视野，结交新的朋友，还能让我们了解到不同地区的文化和传统。行万里路，可以让我们跳出舒适区，尝试新的事物，发掘自己的潜力，仰望和探索神秘无垠的宇宙。

以前我一直想不通旅行的意义，旅行不就是从我们熟悉的地方去别人熟悉的地方吗？况且一辈子不旅行，我们的生活也不会变得有多糟糕。但当我无奈地和朋友们频繁出门时，我开始理解了旅行的意义：旅行中最有价值的部分是恐惧。当旅行者远离家乡，一种模糊的恐惧便随之而来，他会本能地渴望回到旧环境。正是在这种恐惧中，你变得敏感，外界的轻微变动都会令你颤抖不已。你的内心再度充满疑问，想要探询自身存在的意义。所以，所谓的旅行见天地、见众生，不过是为了见自己，见每个人内心深处最真实的自己。我们通过旅行的方式，走出书本的限制，来触摸这个真实、具体且广阔的世界：在陌生的世界感受新鲜感，享受所见与所闻；在旅行中能观赏的也不局限于风景，还有各种风物背后的历史情怀和文化价值。我们在旅行中塑造了更辽阔的自己。

当然，我并不是说读书不重要，但我们需要将其与实践相结合。例如，我们可以通过参加实习、创业等方式，将书本知识应用到实际生活中去，使书本知识与实践体验相得益彰。我们需要勇敢地跳出舒适区，尝试新的事物，在陌生的地域里放逐自己，去见识这个世界上更多的可能性，并在真实的经历和感悟中不断发问、不断成长，在青春的骄阳下开出更盛美的花。

## 2. 我们为什么会无聊？

### 【案例导入】

小周同学是一名来自偏远农村地区、远赴他省求学的大学新生。高中时期的小周勤奋好学，是老师、同学眼中品学兼优的好学生，但是刚步入大学的她却陷入不知何去何从的迷茫当中。有时早上醒来，她会莫名产生一种空虚感，觉得对任何事情都没有期待；有时又感觉自己独身一人处于一片荒地，周围布满迷雾；有时还会感叹自己看不见这个世界五颜六色、丰富多彩的一面。她开始怀疑，这不是她所期待的大学生活。

### 【问题探讨】

不知你是否有过案例中这位同学一样的经历：感觉不到快乐，被空虚和无聊环绕，对生活提不起兴趣，整天无所事事，不知道该何去何从，找寻不到存在的价值和意义。如果你正经历着这样的感受，那么，你有可能患上了"空心病"。

这是一种在精神医学手册中查阅不到的"疾病"，却普遍存在于年轻人之间。昔日充满朝气的"象牙塔"，现在却俨然成为"空心病"的高发区。"空心病"一词，最早于2016年由北京大学心理健康教育与咨询中心的徐凯文教授提出。在他的调查中，北京大学每年有高达30.4%的新生厌学，另有40.4%的学生认为活着没意义，只是按照别人的逻辑活下去而已。这个调查统计结论不禁令人咋舌。那些从小学习成绩优异、有着光明前途的"天之骄子"，按道理来说应该是内心充满斗志、生活被幸福环绕的，可他们的生活状态怎么会变成这样呢？他们的痛苦，难以被人们所理解，甚至有人调侃地说道："这未免也太'凡尔赛'①了吧，天之骄子还焦虑抑郁，那叫我们这些普通人怎么活？"

心理学专家和教育工作者通过对"空心病"案例的分析，发现"空心病"其实是一种价值观缺陷导致的不良心理状态，核心表现为意义感和存在感的缺乏，严重情况下甚至会导致自杀倾向的产生。"空心病"在大学生群体中越来越多见，所引发的危害也愈发明显，已发展成为严重的社会问题。曾有一位优秀的学生，在自杀未遂后写下这样一段话："我原来还站在一块极其不稳定、随时可能四分五裂的小岛上，但至少心里知道我在什么地方。现在这块地方不在了，我在茫茫大海上漂泊，看不到陆地，时不时感到恐惧。"这位学生字里行间所透露出来的忧郁和焦虑值得我们深思。

面对"空心病"的流行，探寻其背后的原因并加以干预尤为重要。在我看来，它的存在主要有社会、家庭和个人三个方面的因素。

首先是当前社会观念的塑造远远落后于经济发展的水平。人们普遍追求经济上的成功，却忽略了精神世界的建设，功利主义、实用主义和投机主义大行其道，出现青年人丢失理想信念等现象。精神的富足是人类生存的必需品。马斯洛的需求层次理论指出，当人的低层级的生存需求得到满足时，便会开始追求高层级的精神需求。一旦精神需求缺失或实现受阻，人们的心理就会失去平衡，缺乏生活的方向和动力。在当下，社会给了青年人较好的物质生活保障，但在如何引导他们充盈自己的精神世界方面做得还不够。缺少了理想信念的支撑，年轻人很容易失去前进的方向和生活的意义。

其次是应试教育体制下家长对学习成绩的过分看重。在大多数家长眼中，考上好大学就等同于找到好工作，进而等于拥有了成功的人生。这一系列的等号，使得家长对孩子的所有期望聚焦在取得学业成功上，并处处与"别人家"的孩子做比较。孩子也逐渐将家长的期望内化为自身的信念，将考上好大学作为人生的终极目标。一旦学生达成了学业目标，进入了大学，在新的环境里，以往的价值追求就无法与新的现实条件相匹配了，学生对未来的人生失去了目标，进而陷入心理的"空窗期"，变得焦虑和烦躁。

---

① 网络流行语，用以形容一种特定的社交行为和心态，意即通过委婉或不经意的方式表达不满，目的是向外界展示自己潜在的优越感。

最后是学生自我同一性达成的失败。自我同一性是指个体尝试把与自己有关的各方面特征结合起来，形成一个协调一致的、独具"统一风格"的自我。说通俗点，这就是对"我是谁""我应该干什么""我能够干什么"等问题的回答。根据自我同一性理论，大学阶段是个体自我同一性探索的关键时期。如果对自我同一性缺乏充分的探索，就会陷入"理想我"和"现实我"、"主观我"和"客观我"之间的冲突，以致模糊个人定位，产生自我认同危机，进而出现生活的无意义感。

如果你发现自己身上出现了"空心病"的特征，并且自己的成长经历与上述情境吻合，请不要担心，因为"空心病"并非无药可救。要想避免在"空心病"的泥沼中越陷越深，下面的这些办法或许可以帮到你。

首先，要留给自己充分的思考时间和创造足够的实践机会来进行自我探索。回顾你的过去，可以问问自己：我究竟喜欢什么，我到底擅长什么，我想要的生活是怎样的，除了学习外还有什么对我而言是最重要的。如果你能得到这些问题的答案，那么请你毫不犹豫朝着想要的生活方向去努力，无须在意外界的评价。如果你目前得不到理想的答案，那么，你需要积极地参加各类社会实践活动，可能是加入一个学生社团组织，参加一次志愿服务活动，又或者是去单位实习，等等。此时，你就有各种机会和方式来了解自己的兴趣爱好和能力所在，并确立合理的自我评价，进而追逐自我价值的实现。

其次，树立正确的成功观念，保持适当的动机水平。所谓成功，并非只指建立丰功伟业，出人头地。很多故事告诉我们，所谓的成功人士，过得并不幸福。相反，能够经营好自己的生活，是需要非凡的努力和智慧的。我们需要转变对成功的定义，学会处理好自己与他人、社会的关系，努力适应并融入社会当中，经营好自己的生活，在平凡的每一天找寻生活中的"小确幸"。当我们找寻到生活的意义，确定了自己奋斗的目标，拥有了强烈的归属感和所爱的人，就可以体验到较高的幸福感，进而在生命意义方面比其他人更加成功。

最后，树立正确的价值观和理想信念。价值观决定了人生的意义，理想信念则指明了人生前进的方法。人是社会性动物，人的发展无法与社会分离,因此,社会的核心价值观才是人心灵最好的归宿。当我们迷茫的时候,不妨研读传统经典著作,汲取优秀文化的补给;不妨学习伟人的故事,领会他们人生的意义。当我们能将"自我"融入祖国的"大我"当中,将个人的前途和命运与祖国的前途和命运相结合时,我们就能在崇高的理想信念的激励下解答好人生的意义、奋斗的目标以及做什么样的人等重要的人生问题。

### 【老师评说】

大学时代的你,若是看不清远方的道路,不妨先做好眼前的小事。或许正是每天认真上课、坚持读书这些点滴小事,在某一刻融会起来,才让我们找到了未来所要追逐的目标,让我们看清了人生所要前进的方向。

素质班的"二十条"培养方案中,没有惊天动地的大计划,都是面向生活与实践的日常习惯养成式的小要求。每一个要求都不困难,难的是一直坚持下去。为什么这些"小事"需要两年的时间持之以恒地做下去?为什么是一个团队一起坚持做这些事?因为素质的养成并非易事,没有一定的时间积累,没有一群人的相互激励与彼此监督,这些培养整全人的要求很难内化为一个人的素质。

### 【学生感悟】

## 在痛苦中收获成长的快乐

文/纪芳(素质班第五届成员)

敬爱的学长学姐,亲爱的同学们:

大家早上好!我是法学院社工Q1141班的纪同学,很高兴能够在这里和大家一起分享我加入素质班后的一些感想。与其说这是一场演讲，不如说是一次分享，一次思想的交流。我还记得大一上思修课的时候，老师给我们讲了这样一句话："你有一个思想，我有一个思想，交流之后我们每个人就有了两个思想。"因此，我很喜欢与别人交流和分享。

首先，我想借这次晨跑后的演讲机会谈谈自己关于晨跑的收获。今天是我们第四次晨跑，我还记得第一次晨跑的感觉，用一个词来说，是"爽"，用四个字来形容，则是"轻轻松松"。当时跑完后，我似乎并不觉得累，甚至感到惊讶：这么快就到了？第二次晨跑，我以为自己坚持不下来了，因为在那之前我还对好友说："不行，素质班第二次晨跑我可能不行了，第一次是因为很久没跑了，所以跑起来没什么感觉，还挺轻松。这次不行了，我有预感……"但我最终还是坚持下来了。其实每个人都是一支潜力股，你比自己想象的更加优秀。当你没有做那件事时，你永远不知道自己身上蕴藏着多大的能量。以前的我对跑完腾龙大道有种恐惧感，我也没有自己一个人跑过。对我来说，那似乎遥不可及。而今天，我又一次征服了腾龙大道，未来还有第五次、第六次……我想我会坚持下去。想起以后每周都会跑一次腾龙大道，我已经可以慢慢克服内心的恐惧感。这种突破自我的感觉真的很好，让我充满成就感，也让我在以后的人生中对自己更有信心。

其次，做选择是对自己负责。还记得第二次晨跑后，在回去的路上，我无意中听到后面有两个男生聊天："你觉得这样跑步有意义吗？""我觉得还好吧。""我觉得没有意义。""不管怎么说，可以养成早起的习惯。"我并不对他们的言论做任何评价，只是他们的话让我有一些感想。每个人都有自己的选择，有人选择坚持下来，有人则选择中途退出。并不是说坚持下来的就更值得赞扬，中途退出的就一定是失败者，因为每个人的考虑和要完成的事情并不一样。至于我自己，选择加入素质班，每周在腾龙大道跑步，是因为什么呢？记得社团面试时，有学姐问我："如果你没有进入素质班，你会怎么办？"我是这样回答的："如果面试没有通过，我就死皮赖脸地参加你们的活动，我加入素质班不是为了得到素质班成员这样一个头衔，而是想让自己真正地成长，让我们的内心更加强大。我相信素质班不会拒绝一个渴望成长的人。"这就是我的选择。我不会轻易做选择，而一旦做了选择，就一定会坚持下去。自己选择的路，跪着也要走完。

最后，就是要及时传达对他人的感情。我不知道大家是怎样定义"感情"这个词的，很多人一听到这个词就会想到男女之间的感情。其实这个词很复杂，它还包括个人的感受和情绪。今天我并不是要和大家讨论感情这个词，而是感情的传达这件事。不管是感受也好，还是情绪也罢，当我们对他人有一些积极的、正面的感受时，我们应及时传达出来。其实，我是一个不太善于表达自己感情的人。很多时候，我看到身边人（父母、老师、同学、朋友等）对自己的付出，就非常感动，但我很难把这种感情向他们表达出来，因为我会觉得很尴尬。或许是因为我们身受传统文化的影响，对待感情比较含蓄；或许是我们从小就很少被鼓励表达感情，以致对很多事形成了一种漠然的态度。其实，如果没有亲身体会过，你可能永远不会知道你的一个小小的鼓励会给别人带来多大的力量，哪怕只是一个肯定的眼神，一个温暖的微笑，一个轻轻的拥抱，或是短短的几个字。所以，想说什么就大声说出来吧，如果你觉得他表现得很好，就把你的感情真诚地表达出来，不要吝啬你的鼓励和支持，因为在这个社会，不确定因素太多，你永远不会知道现在站在你面前的人下一秒会在哪里。所以，多一分鼓励和支持，给别人机会的同时也给自己一个机会。

我非常期待这学期和大家一起在素质班学习，跟大家一起成长。如果说素质班的"二十条"是痛苦的，那么就让我们一起在这痛苦中去收获成长的快乐吧！

最后，分享一句素质班人都知道的话："你不够优秀是因为你还不够痛苦！"

谢谢大家！

## 3. 艺术教育有那么重要吗？

**【案例导入】**

　　美国美术教育家罗恩菲尔德曾说，艺术教育对我们的教育系统和社会的主要贡献，在于强调个人和自我创造的潜能，尤其在于能和谐地统整成长过程中的一切，造就出身心健康的人。在这个飞速发展的网络时代里，出现了"快餐文化""快时尚""泛艺术"等文化思潮，人们似乎不再愿意去追求长远的事物，许多家长对孩子的教育也显得急功近利。对待艺术教育，社会上出现了两种分化的现象：在较贫困地区，中小学校艺术教育老师配比严重不足，艺术设备也较少且老旧，艺术教育课程基本没有实施；而在城市里，又存在着艺术教育"过热"现象，家长们很早就让孩子们学习各种艺术特长。还有一些高中为了提高升学率，不顾学生个人兴趣，盲目开办艺术"速成班"，鼓动已进入高中阶段的学生走艺术特长类的所谓"曲线高考"的路子。进入大学后，很多学生并不热衷于参加艺术社团活动，对艺术教育也很麻木，反而更想宅在寝室打游戏、睡觉。那么对大学生而言，艺术教育究竟重要吗？

**【问题探讨】**

　　当今时代，是一个快速发展的时代，大量事物都处在变革之中，人们的审美也发生着巨大的变化。大学生是未来建设祖国的生力军，更需要积极适应和应对社会的变化。大学生不仅需要具备扎实的专业基础，还需要做到德智体美劳全面发展。美育是大学教育的重要一环。作为高校美育工作的重要内容，艺术教育对于培育大学生人文素养、促进个体全面发展具有重要作用。钱学森就曾说道:"难道搞科学的人只需要数据和公式吗?搞科学的人同样需要有灵感,而我的灵感,许多就是从艺术中悟出来的。"

在进入大学前,学生们的升学压力较大,个人时间基本都花在课程学习和补习上。因此,除了艺术特长生外,大部分学生在中学阶段都没有经过专业的艺术训练。虽然能够通过语文、音乐、美术等课程接受一定的艺术教育,但很难培养对艺术的兴趣,许多学生也没有真正认识到艺术素养对自身成长发展的重要性。进入大学校园后,有些人会参加一些艺术类社团或相关艺术实践活动,但主要是为了交友和娱乐。一些艺术类课程以通识课程的形式出现,但往往是走马观花,对学生艺术素养的培养用力不够。在一般学校里,举办合唱比赛等艺术类活动时,学生自愿参加的比例并不高,甚至有些活动需要强制学生参加,也因此催生了一些抵触情绪。就此而言,高校学生接触到的艺术教育范围比较狭窄。在艺术训练与学业提升的拉扯中,艺术训练也往往成为被舍弃的一方。如果说专业教育是培养学生成长成才的主要途径,那么艺术教育也是提升学生综合能力的重要保障。

艺术教育的目的在于提升审美素养、净化心灵,引导人们体会生活中的真、善、美。它能够培养人们的人文气质,提升人们在语言表达、文案书写、思维发散等多方面的能力,还能够进一步提升人们的工作满意度和生活幸福感。例如,优秀的音乐作品会拨动聆听者的情绪,使聆听者的知觉发生联动,实现从耳动到心动。听贝多芬的《月光曲》,可以感受到贝多芬对窗望月的那分安谧;听萨拉萨蒂的《流浪者之歌》,能够感受到吉卜赛民族多舛的命运,以及他们围着篝火起舞、苦中作乐的心境……基于不同文化理念的音乐有着不同的特色,反映出不同民族的文化传统、价值观等。学习不同类型的音乐可以帮助学生拓宽审美视野,认识艺术文化的丰富性和多样性,进而增进对不同文化的理解和尊重。

除了音乐教育外,普遍化的艺术教育也是文化教育的一部分。艺术教育是为了让更多的人懂得欣赏艺术,而不是为了让大家都去从事艺术类工作。我们现在使用的手机、电脑等物品的设计,就属于工艺美术范畴;我们看到的城市建筑,也是现代空间设计的一部分;甚至我们的手机屏保图片,都涵盖了摄影艺术、绘画艺术等要素。世上有那么多人,呕心沥血地创造了那么多美丽的东西，学会欣赏它们，是件很有趣的事。艺术存在于每一个生活的细节中。虽然有人认为流水线式的工业设计不是传统意义上的艺术，但只要能唤起人们愉悦的感受，甚至只是引发了审美上的感官体验，也可以称为艺术。

美国国家科学院曾做过一个5万多本科毕业生参与的问卷调查，其中一个问题是"什么知识最有用"，调查结果颇耐人寻味。毕业1～5年的学生的答案基本是"基本技能"，毕业6～10年的学生的回答主要是"基本原理"，而毕业11～15年的学生的结论偏向于"人际关系"，而毕业16年以上的学生则提出：艺术最有用。这一调查结果，与其说是人们对自我成长经验的总结，不如说是这个时代对艺术教育发出的迫切呼声。

我们大多数人不会成为艺术家，但学习艺术、感受艺术可以使我们生成宏大的艺术胸怀和开阔的文化视野，并学会尊重和理解多元文化，从各民族的艺术中汲取思想养分，为自身的发展奠定坚实的人文基础。

艺术教育不仅与专业教育并不矛盾，而且是各学科的黏合剂。美国加利福尼亚大学的一项研究表明，每周参加3次音乐活动的学生，在数学、阅读、历史、地理等课程的测试中，分数要比那些不参加音乐活动的学生平均高出40%。

为了了解学生们对学习艺术的态度如何，笔者曾开展一些访谈和调研。调查结果显示，无论是曾经学过或正在学习某一种艺术形式的学生，还是没有进行过系统学习但平时接触过艺术活动的学生，他们都表示艺术教育给自己的生活和学习带来了很大的帮助。

有个学生说，他在准备学校举办的"百生讲坛"比赛时，压力特别大，曾几度想放弃。那时候，他为了调节压力，看了一部电影《绿皮书》。电影里有一句台词很打动他："我爸爸曾说，当你吃饭，就当作最后一顿。"就那么一瞬间，他说自己觉得做任何事情都应该做到极致。最后他顶住压力，调整好心态，坚持参加了比赛，还获了奖。有的学生说，自己在看了电视剧《觉醒年代》后，爱国之情十分澎湃，还在近代史考试中拿了高分。有的学生参加了学校的"心灵剧场"演出，在表演心理情景剧时，通过角色塑造、舞台演绎，在内心与自己扮演的角色对话，最终使自己与久久无法释怀的过去得到和解。各类艺术形式以润物细无声的方式，让我们在不知不觉中发生积极的转变。既然艺术给我们带来这么多好处，那么作为非艺术类院校的学生，怎样才能接触到更多的艺术内容呢？

首先，很多高校都会开设艺术类相关的通识选修课程，如音乐鉴赏、美术鉴赏等。在大学体育课程中也会设置体育舞蹈、健美操、瑜伽等与艺术相关的教学内容。除此之外，每个高校都会举办不同主题的第二课堂活动，比如我们学校组织的"春之声""秋之韵"系列社团文化活动、藏龙杯经典诵读与写作比赛、"书香伴我行"读书节系列活动、"戏曲进校园"活动，等等。这些活动的举办能够引起学生对艺术的兴趣，引导学生树立正确的审美观念，培养学生健康的审美情趣，激发学生表现美、感受美、创造美的潜力，促进学生艺术素养的进一步提升。

其次，很多高校还会在一些重要的时间节点，如迎新季、毕业季、艺术节等期间，开展艺术教育实践活动；还会在中国传统节日到来之际，如端午节、中秋节等，结合节日特点和传统民俗，开展具有传统民俗特点的艺术实践活动。大学生应积极参与这些艺术实践活动，这不仅能丰富自己的课余生活，还能增进对中华民族传统文化的了解，进一步提升自身的人文素养。

最后，有一些学生之前曾接受过专业的艺术训练，但进入大学后因各种原因逐渐搁置了。教师可以把这样的学生发掘出来，充分调动他们的积极性，动员他们加入大学生艺术团等社团组织，发挥他们的艺术才能，并带动部分没有艺术功底但内心充满艺术热情的学生参与进来。在这个过程中，他们既能够找到志同道合的朋友，又能在一定程度上实现自我价值。

## 【老师评说】

在素质班的培养模式中，就有很多关于艺术教育方面的学习要求，比如素质班人每两个月会开展一次演讲或朗诵活动、观看一部优秀影片，每学期要学会一首新歌，等等。这些面向生活实践的习惯养成，不仅仅能够提升学生的艺术鉴赏水平，还能够引导他们学会在生活中发现美、创造美，继而提升生命的温度、鲜度、厚度与密度。更重要的是，艺术教育能够提升一个人的感知力和生命力，正像英国作家毛姆所言：一个人能观察落叶、鲜花，从细微处欣赏一切，生活就不能把他怎么样。

大学生新素质教育注重塑造大学生的审美情趣。在艺术的世界里，充满着瑰丽的想象和人性的关怀。通过艺术，学生能够更好地洞察社会的多元化与丰富性，深刻体会文化的多样性，深切关照人类的现实处境，并知道如何将生活中一些平凡的瞬间装点得不平凡，这是形成健全人格、成熟心智的重要途径。

【学生感悟】

## 所见，即为所爱

文/安明阳（素质班第八届成员）

2019年的7月，"火炉"武汉迎来了一年中最热的时候。但我很幸运，去了一个避暑胜地——贵州黔东南，躲过了武汉最炎热的时期。在那里，我与一群志同道合的朋友一起开展了为期18天的"雏鹰翱翔与梦齐飞"暑期支教活动。

7月18日，我们下了火车，坐上了大巴。在十几个小时的疲倦之后，我们看到了黔东南地区美丽的山水、蓝天和白云，身上的倦意很快退去。七月的黔东南，是温柔的。这里没有似火的骄阳，天气虽然也比较热，但不会让你躁动起来。到了下午五六点，傍晚的风吹过，身上就开始沁出一阵凉意。我们不关寝室门，也不关窗户，招引着晚风吹进来，也任凭虫儿飞进飞出，很是自在。

我们所在的村子叫乐埠村，坐落在一个山谷里，乐埠小学就在整个村落最高的地方。我们站在小学办公室门口，整个乐埠村尽收眼底。刚来这里的那几天，我们就迫不及待地走访了村子大部分的土地。这一片山谷，满溢着绿色。远处山连着山，不曾间断，像绿色的长城；云接着云，像没有尾巴的巨浪。偶有白鸥掠过，为这静谧的画布点上了一抹生机。走在乡间小路上，仿佛游走在画中，我之所见，皆是吾爱：白鸥如芒星在天际闪过，水稻搅起一层又一层绿浪，河里的鸭子咕嘎，树上的蝉鸣清脆，稻田里的鱼儿扑腾……

在贵州的时候，时间总是流淌得很慢。清晨，后山披着一层薄雾，我们在红色橡胶跑道上奔跑。刚开始吃早饭，孩子们就蜂拥而来了。食堂前面的空地是我们饭后的娱乐场所，一群比猴子还灵活的家伙在单杠上爬上爬下。矮矮的围墙外，广阔无垠的玉米地一直延伸到天际，与视野尽头的群山融为一体。

有次清晨，我们早起下村里调研。雨后的山路十分泥泞，而我们还要翻几个山头。我们相互搀扶，半步紧挨半步地挪到目的地时，正是在一处山顶。放眼远眺，峡谷深处，瓦房散落其间，显得朴素而美丽。两岸树木郁郁葱葱，一条山路蜿蜒入谷，对面溪流淙淙，却又如此静谧，生命的时钟在此时放慢了齿轮。

孩子们的家离学校很远，放学后，我偶尔会送他们回家。一路上，我们比赛跑步，互相捉弄，你问我答，无比快乐。有次路上突然下起暴雨，我将头顶的帽子拿给学生遮挡雨水，他们第二天还回来一个焕然一新的帽子。

临走前夕，我去看望这群学生，他们哭得稀里哗啦，让我不得不把眼泪藏起来，然后转过身抹掉。我们如此认真地道别，却似乎还未准备好说再见。

## 4. 为什么会感到"容貌焦虑"?

**【案例导入】**

在纪录片《亚洲无间道:爱美的代价》中,整个画面里唯一的亮色是贴在玻璃窗上的微微女儿画的简笔画,暗示着这个空荡荡的房间里曾经存在过的幸福痕迹。

在纪录片中,微微本人只愿意以模糊的背影示人。"从做完手术到现在 6 个月了,没见过人。因为看到镜中的自己,我不相信这是我,就好像我住在别人的躯壳里一样。"微微曾是一个普通的白领上班族,追求完美主义的她对自己的外貌有着严苛的要求,会因为别人的评价而焦虑,于是她在前往韩国度假期间进行了整容手术,可是手术遭遇了失败。让她无法接受的是,整容后每每看到镜子中那张畸形的脸,她都恍若看到了一个陌生的异类和怪物。她将自己彻底封闭起来,强烈的孤独和痛苦成为她生活的底色。

有众多和微微一样爱美的姑娘,同样在"不择手段"地改变自己的容貌,即便要付出健康的代价也毫不畏惧。因为整容,微微的人生被彻底改变,她只能在不断的痛苦、挣扎、抗争中生活。她选择用自己的切肤之痛来警示那些和她一样为了美"不择手段"、甚至不惜以健康为代价的人,希望他们真正接纳原本的自我。

**【问题探讨】**

近年来,诸如"精灵耳"整容、小腿神经阻断术等"自残式"整容项目悄然在网络上流行。"精灵耳"整容是通过从耳后设计皮瓣,将局部的耳软骨切下来，拆断正常耳部支架，再重新搭建耳软骨轮廓，目的是通过调整耳朵形状在视觉上缩小脸部比例，通俗来说就是使脸显得比较小；小腿神经阻断术则是通过手术选择性地切断小腿部分肌肉神经，让小腿自然萎缩，最终达到瘦腿的效果。这些手段虽然短期内看似有效，但对人正常的身体机能有不可逆的损害。这无异于一种自我伤害！而这种有碍健康的手术项目背后，是我们常说的"容貌焦虑"在作祟。

容貌焦虑是指个体因忧虑自己的外貌达不到外界对于美的标准而处于担忧、烦恼、紧张和不安的情绪之中，在行为上常表现为经常检查和调整自己的外貌。

《经济学人》曾报道过中国医美行业的发展，以及当前整容手术的流行。文章指出，中国医美市场的特点之一就是"整容普遍且年轻化"。2020年，61%的整容患者年龄在16~25岁，超过90%的整容患者年龄在35岁以下，且85%是女性。2021年2月，中青校媒面向全国2000多名高校学生就"容貌焦虑"话题展开问卷调查，结果显示，近六成大学生存在一定程度的容貌焦虑。

容貌焦虑具有显著的危害，它与神经性贪食症、神经性厌食症、躯体变形障碍等具有显著相关关系，还会加深个体的抑郁水平。如今，网络上总能看到"A4腰""巴掌脸""白幼瘦"等词汇，这其实是相关利益者贩卖容貌焦虑的手段，通过不断强化人们对自身容貌缺点的恐惧，来促使他们以某种方式"改良"自己，"提升颜值"正在成为一门生意。这些为了牟取利益的人出现在网络上的不同角落，他们以分享如何变美的秘诀为诱饵，将用户的外貌与所谓的"标准美"进行对比，以此提出用户外貌上的一些"缺陷"，让用户陷入对容貌的焦虑中，并顺势推出相应的改善方案，让用户为"变美"买单。但是，"标准美"是不存在的，颜值也并非"正义"。当一种关于美的标准建立起来，并且越来越严苛时，它就只会是审美领域的暴君，美就成了施加暴力的名义。

避免容貌焦虑，首先就是要改变狭隘的审美偏好。作家许知远曾在一档综艺节目中发表过一句"文化式吐槽"——审美的偏狭，是一种智力的缺陷。颜值至上的逻辑，是把人看作物。而人与物之间最大的差别是思想与精神,当人们抛开精神只谈颜值时,这与谈论一件衣服是否漂亮在本质上已无太大的区别。真正的美不应该被某种标准所限定,而应该是多样的、包容的。文化的魅力之一在于观念的多元化,美亦是如此。而容貌美的第一要素,实则是健康。我们应该在呵护健康的前提下,接受更多元的美,并可以创造独属于自己的美。

德国哲学家莱布尼茨曾说,世界上没有两片相同的叶子。每个人都是独特的个体,每个人都有属于自己的魅力。一个文明健康的社会,绝对不会只有一种审美标准。身处无限可能的时代,外貌和年龄从不是人们自我肯定的唯一来源,与其被所谓"潮流审美"所裹挟,冒着威胁身体健康的风险做出"改变",不妨让自己多一分自信和沉静。我们无须过度追求别人眼中的美,而是要勇于接受不够完美的自己。保持身体健康,提升内在涵养,坦然面对世界,何尝不是一种优雅的美呢?

其次,我们要理性看待美。爱美之心人皆有之,但不宜为了变美削足适履。变美,并不会使我们变成另一个人。在奥运会上,我们看到了许多不同的美:巩立姣散发着一种浑然天成的力量之美,杨倩透露出一种气定神闲的专注之美;孙一文则有一种自信飒爽的敏捷之美;郑钦文挥舞着一种坚韧不拔的自信之美;王春雨诠释了一种充满东方女性力量感的速度之美……她们或许不够白,也不够瘦,素颜的面庞也可能不够精致,但就是让人觉得特别美。因为她们的美,是一种健康的美、自信的美,是无须取悦他人、不被单一审美绑架的美,更是历经肉体苦难、突破精神极限后的美。这才是我们当代年轻人应该追求的新时代之美!

最后,我们要学会接纳自我。各种"颜值即正义"的"洗脑式"宣传固然对人们产生了一定的影响,但真正选择接受这种偏狭审美标准的,还是我们自己。短剧《魔镜》里曾这样说道:"最为包容、广阔的美,变得狭窄、单调,纵容这种变化的,不是别人,就是我。"事实上,没人能定义你是丑还是美,能定义你的,只有你自己。如果对自己都充满恶意,世界又怎么会对你充满善意呢?就外表来看,其实每个人都有自己的特点,提升自己的美感和智慧,扬长避短,让自己满意自己,那就是最美的。

【老师评说】

对美的追求是人类的本能,对美貌的追求也有其合理性,但是当青年群体被趋同性单一审美标准所裹挟,容貌焦虑便随之产生。

淡化或消除自身容貌焦虑最有效的办法,是在自我认同基础上提升自信。我们可以充实自己、塑造自己、成就自己,打造属于自己的核心竞争力。让人闪闪发光的,绝不仅仅是外貌,真诚是美,朴实是美,平凡也是美。一个人走过的路、读过的书、看过的风景、写成的文章等,都会沉淀并熔铸成属于你独特的美的气质。眼睛小也可以目光如炬,个子不高也能够精神焕发,与其活在焦虑中难以自拔,倒不如培养自己腹有诗书气自华的气质、元气满满的活力、优雅淡然的心态,用奋斗、坚强、拼搏的姿态,演绎出自己美丽而独特的人生。

【学生感悟】

## 接纳自己,悦人先悦己

文/赵英龙(素质班第十届成员)

我小时候基本上不怎么照镜子,可能因为每天都只想着玩,所以没有在意过自己长什么样。只是记得每次去理发店,一个大姐姐会一边给我洗头,一边说这小孩儿长得真帅。那时候的我怎么会懂成年人的商业话术,就当真了,所以我非常自信地活过了小学,走向初中。

初中,开始有不少人习惯用别人的外貌来打趣。有一天,一个哥们儿指着我说:"瞧,赵英龙有两个发型!前面一个偏左,后面一个偏右……"我镜子都不怎么照的人,怎么会晓得自己有两个发型。要不是他,我还真不知道,别人后脑勺的头发是推平了的,而我的头发鼓起了一个"三角包"。当时笑我的人不少，这让我开始意识到问题的严重性。那个周末，我走进了理发店，对理发师说："能不能帮我把后脑勺那个尖尖的'三角包'推平啊?"结果理发师摸了摸我的后脑勺说："这个吗？我觉得挺好的啊！看上去很可爱，不用推平吧!"当时我内心意识到：不一样并不是缺陷，有人喜欢，那就叫特点吧。然后我看了看镜子里漂亮的理发师，略显犹豫地说道："那就留着吧!"

　　后来，身边讨论外貌的话语出现得越来越多了，我仍然想不明白：为什么大家都要长成一个样子呢？世界上有这么多人，全都长得差不多的话，那也太无趣了。你们都想长成这样，哎，我偏不！我希望可以成为一个独特的自己，但也不用太独特，不是一直在迎合别人的喜好就行。对于美，我们其实有很多选择，但我们常常屈服于某种单一的美的标准，而忘记了去做出不同的选择。

　　"容貌焦虑"，焦虑的从来不是自己不好看，而是别人可能觉得我不好看。我们大概都有过一个经历：小的时候，并不觉得自己不好看，直到有人开始评价我们的外貌。我们可能无法靠一己之力改变单一的审美，但是我们可以试着改变自己。除了外貌之外，我们的健康、知识、德性、审美、创意等也都是自我特质中不可缺少的部分。有句话说得很好：你关注什么，就会得到什么。当我曾经纠结自己的身高时，有人跟我说"小伙子，身体不错呀"，那时候我才意识到，身体"硬朗"也是一种美，而身高的缺憾并不算什么。所谓"悦人者众，悦己者王"，真正的王者，首先是懂得悦己的，一切从心，发于自然，活出自己的境界和风采。

## 5. 我们失掉阳刚之气了么？

**【案例导入】**

小李喜欢看一些文艺类的电影和电视剧，常常会被其中具有柔美、优雅特质的角色所吸引，认为他们身上有一种独特的美感。于是他开始模仿这些角色的行为举止，甚至在穿着打扮上也尽量追求这类阴柔的风格。

小李的行为引起了同学们的关注，他们开始议论纷纷，认为小李失去了阳刚之气。小李听到这些话后，内心产生了巨大的困扰和压力，并开始质疑自己的行为。他找到老师，道出了心底的困惑。老师告诉小李，阳刚之气并不意味着外在的强硬、粗犷，而是要有担当、有责任感，有勇气面对困难和挑战。阴柔之美也并不等同于女性化、软弱无力，它也可以是优雅的、内敛的、有韵味的。

听了老师的话，小李开始反思自己的行为。他开始尝试从内在改变自己，不再刻意追求外在的形似之美，努力提升自己的能力和素质，做一个有担当、有责任感的人。

**【问题探讨】**

2021年初，一则由全国政协委员提出的《关于防止男性青少年女性化的提案》登上了各大媒体平台的热搜。提案认为，如今的青少年男生过于阴柔，身体羸弱，气质、性格上偏向女性。如果这种现象不加以遏制，必将危害社会的发展，社会应当培养男生的阳刚之气。随后，教育部就此提案进行了答复，针对培养男生阳刚之气的提议，提出了加强体育教师配备、加强学校体育制度顶层设计、深入开展健康教育、加大相关问题的研究等相关举措。此答复函一经公示，便引起了广大网友的关注。随后，《中国教育报》发表评论，对部分媒体的混淆、曲解进行了澄清，指出教育部所倡导的"阳刚之气"并没有男女之分，它是与拼搏、担当、勇敢、进取、自强、合作、创新等优秀品质联系在一起的，是一个人的责任感、使命感。

凤凰网曾发起题为"政协委员提出防止男性青少年女性化提案，你怎么看？"的网络调查，约有106万人参与。结果显示：六成以上网友认为有必要培养男性青少年的阳刚之气；五成以上网友认为男生必须有"阳刚之气"不是性别偏见。至于青少年"异性化"是否需要被纠正，同样也有五成以上的网友认为需要。关于前面提到的提案和回复，与其说是一种对男生"不够阳刚"的性别忧思，不如说其代表了一种较为广泛和深层的社会性反思。

那么人们为什么会有这种忧思和反思呢？当前，我国校园中的体育教育工作还存在较大提升空间。在初等教育阶段，体育活动几乎等同于各式各样的游戏，对于责任感、意志力等素养的培养不够聚焦。而在师资结构中，女性教师远远多于男性教师，教师性别分布不均衡，这对于学生的成长来说也会带来一些负面的影响。而到了中等教育和高等教育阶段，因为受到安全教学、安全管理等因素的制约，体育教育中对抗性较强、训练强度较高、难度较大的体育项目在教学时常流于形式，有些甚至难以开展，因此在强健学生体魄、完善学生心理方面的效果并不令人满意。此外，在这个多元文化的时代，有些不良的审美取向和生活方式以"追求个性"的名义大行其道，对青少年成长也产生了负面影响。

教育不是培养所谓的"男人"和"女人"，而是培养德智体美劳全面发展的"人"。培养阳刚之气，也并不仅仅是针对男生而言的，而是面向所有的学生。培养兼具勇敢、坚忍等所谓的男性化特质以及耐心、细致等所谓的女性化特质的青少年，是促进青少年全面发展的必然要求，是未来青少年素质培养的趋势。文明其精神，野蛮其体魄，让身体和心智一并健康成长，这才是最该被关注的地方。

那么，怎样做才能培养青少年的阳刚之气呢？

首先，完整、健康的家庭教育能帮助青少年尽快建立性别意识与性别角色。在孩子成长的过程中，父亲和母亲都不能缺位，父母共同给予孩子高质量的陪伴，有利于孩子自信心和安全感的建立，这是孩子生发阳刚之气的源泉。陪孩子玩冒险游戏，在生活中磨炼孩子的品性，鼓励孩子在群体活动中提高领导力，重视孩子的体育爱好等，都是父母在孩子成长过程中应担负起的任务。

其次，成人要为孩子树立性别角色的榜样。学校应尽可能平衡学前教育、初等教育阶段教师的性别比例，父亲与母亲应尽可能平衡彼此参与家庭教育的比重，在生活中给孩子树立正确的性别角色形象。孩子主动从所喜爱的性别角色身上学到的，远比被动教授的要多得多，也更能入心。

再次，充分发挥体育教育的效用。毛泽东曾说："体育之效，至于强筋骨，因而增知识，因而调感情，因而强意志。"培养阳刚之气，体育教育不可或缺。体育教育要切实地开展起来，扩大体育课程的学生覆盖面；要提高标准，加强意志、力量、耐力等方面的训练，加强集体协作的训练。

最后，做好主流价值观的引导。大众媒体和社会评价是影响人们性别观念的重要因素，我们应该打破对传统性别角色的认知束缚，解放人们的性别观念，认识到男性化特质并不独属于男性，女性化特质也不独属于女性。这些优秀的特质是男女双方都可以而且应该学习的，要学会彼此欣赏，共同成长。

## 【老师评说】

所谓"阳刚之气"，有着丰富的内涵，如力量和勇气、责任意识、担当意识、团队意识、自强精神、合作精神、锐意进取的创新精神等，这些都是阳刚之气的重要组成部分。无论是比赛场上奋力拼搏的运动健儿，还是在关键时刻力挽狂澜的英雄机长，抑或是平常生活中的凡人善举，都构成了刚健勇毅的时代气质。

阳刚之气的培养，显然不是老师在课堂上讲讲就能做到的，而是需要在生活和实践的磨炼中一点点去积累。正如《面向"生活·实践"：大学生素质教育导论》中所言，阳刚之气的培养，既要有家国情怀与世界胸怀的价值塑造，又要有人格气质与心胸格局的品格养成。

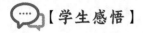【学生感悟】

## 男儿本自重横行

文/蒋桂林（素质班第十届成员）

不知何时，"男儿本自重横行"已成为远去的历史风姿。当下社会，很多青少年在成长过程中备受呵护，缺乏历练，导致意志力薄弱、抗挫折能力较差，缺乏所谓的阳刚之气。更有甚者，拥有阳刚之气还被有些人视作"过时的审美"，而"油头粉面"成为一种新的审美趋势。但这种趋势终究是无法被广泛接受的，也是不会持久的。因为阳刚之气的缺失背后，是健康精神面貌和集体责任意识的缺失，长此以往，社会的发展将没有坚实的精神基础作支撑。

阳刚之气不是男性的专属词汇，而是中华儿女们共通的精神意志，也是支撑中华民族从古至今延绵发展的脊梁。我国古代既有精忠报国、威武不屈的岳飞，也有替父从军、立下赫赫战功的花木兰，既有历经艰险、凿空西域的张骞，也有维护统一、耕耘岭南的冼夫人。

由于成长背景不同，对当下青少年阳刚之气的培养要结合生活方式、社会习俗、发展观念等的变化做针对性的调整。除了呼吁体育教育、家庭教育和社会舆论的正向回归，身为大学生的我们，也可以为更好培养阳刚之气助一臂之力。现在的大学生都具有一定的独立意识，培养阳刚之气可以从我们自身开始做起。我们可以与他人互为"小老师"，互相勉励，共同成长。阳刚之气的缺失，不仅表现在外表和行为趋于阴柔，更体现在内心脆弱、意志薄弱等内在层面，所以，培养青少年的阳刚之气要兼修体魄与风骨，鼓励青少年走出家庭温室和网络囚笼，多参加实践活动，深入体验、亲身感受现实生活的人间百态，借助自己的双脚和双眼去感悟脚踏实地的生命价值。

## 6. 如何撕掉"后进生"的标签?

**【案例导入】**

每一个孩子在出生时,父母都会"望子成龙,望女成凤",都不希望自己的孩子输在起跑线上,但跑着跑着,有一些孩子就慢慢被甩在后面。这些所谓的"差生""后进生"常常被他人忽视和排挤,在学校时总被安排坐在教室后面,甚至有时候老师也对其缺乏耐心,有些同学还会嘲笑他们。这导致一部分孩子产生自卑心理,最终自暴自弃、自我堕落。实际上,这些"后进生"有的只是因为学习方法不对,学习效率较低,并非学习态度不端正。在这种情况下,"后进生"该如何进行自我救赎?

**【问题探讨】**

有这样一个案例,案例的主角在成长过程中不止一次受到来自外界的质疑:他11岁被确诊患有生长激素缺乏症,就是常说的侏儒症;曾经所在的足球俱乐部也对能否把他培养出来产生过怀疑;13岁的他在和巴萨(即巴塞罗那足球俱乐部)签约前被巴萨高层质疑,甚至很多董事认为和他签约是在浪费金钱。然而就是这样一个人,后来却被称为"足球天才",最终成为世界顶级球星:征服了巴萨,18岁拿下金球大奖,22岁当选欧洲足球先生和世界足球先生,七夺金球奖……没错,这个人就是梅西。

也许你会说,梅西本身就拥有天生的禀赋,绽放天才只是时间的问题。可你不要忘了,梅西在后来回忆这段经历时曾说:"我曾经真实地面临告别足球的境地,那时我的病成为一种让我无比难受的折磨,我经常一个人在球场外看那些身体正常的孩子踢球。我不快乐,这是命运给我的一种锻炼。很幸运,我和我的足球一起走过来了。"

什么是后进生?所谓后进生,是世人一种标签化的评判,带有偏见和误解。从心理学的角度来说,我们可以用皮格马利翁效应来解释"贴标签"这种做法会造成的负面影响。皮格马利翁效应又被称为期望效应,简单来说,就是一个人的行为表现会因为他人对自己期望的不同而不同。由此可见,一旦给一部分学生贴上"后进生"这样的标签,会给其带来严重的负面影响,具体体现在以下三个方面:一是标签导致了群体分化,比如优等生和后进生的群体标签不利于同学之间的互动交流和互相学习,对所谓后进生的学业成绩和人际交往有负面影响;二是外部的负面评价对处于青少年时期的个体来说,所造成的负面影响更大,因为个体在这个阶段十分重视外界对自身的评价,而后进生这样带有否定意味的评价,会引发个体的负面情绪;三是对负面标签的内化会导致个体的低自尊,被归类为后进生的群体会出现更负面的自我认知及更低的自我效能感。

我们先来看看为什么部分学生会成为旁人口中的"后进生"。不可否认的是,每个人的智力、能力天生会有一定程度的不同。有的是大器晚成,比如苏洵,《三字经》里就提到他"苏老泉,二十七,始发愤,读书籍",但苏洵最终成为"唐宋八大家"之一;再比如大家都知道的一句话——"人生若觉无作为,愿君读读黄公望",说的就是黄公望50岁才开始学作山水画,最终却成为一代大师。还有的学生是在进入一个更高水平的环境以后,显得相对落后,比如从小学进入中学、从中学进入大学,或者从学校进入社会。大家都是靠竞争而通往下一阶段,随着我们逐步进入更高一级的阶段,面对的竞争对手也就越强,比较之下,自己的短板或缺点就会越发明显。

如果很不幸我们被贴上了后进生的标签,那我们该怎样做呢?怎样进行自我调适,才能实现自我"救赎"呢?首先,从认知上调整心态,要认识到标签并不能决定你是什么样的人,标签只是外界对我们的看法,而我们的内在究竟是怎么样的,则依赖于个体内部的自我加工。哪怕像梅西这样的天才,不是也曾经历过各种质疑吗?如果他接受并认同这些并不客观的评判，哪里还会有如今让世人都尊重的天才梅西？

其次，丰富你的生活经历，寻找自己擅长的领域，在你所擅长的领域尝试获得一定的成就体验，以此提高自我效能感。比如我本人的经历，虽然小时候我的学习成绩曾暂时落后，但我所具备的组织能力、批判精神和勇气，以及对生活的热爱和对自己的悦纳，让同学们都愿意成为我的朋友。努力和坚持，才让我成为今天的自己。

最后，主动向老师、同学请教，向一切可以学习的人学习，能与优秀的人做朋友，你也不会差到哪里去，甚至可以向给你贴标签的人发起挑战，激发自身学习动力。有人曾说："让梦想成真的最好办法就是醒来。"记住，能够摘掉自己被贴上的标签的那个人，只能是你自己；想要彻底摘掉被贴上的标签，只能靠自己加倍努力。

还有一种情况需要我们多加重视，就是部分青少年自认为是后进生。大多数情况下，这些人是遭遇过较多学业上的挫折，并接收到较多的负面评价，而且通过多次的自我调整依然无法改变现状，从而产生自卑心理，最终形成这种负面的自我认知。这种情况比起单纯被外界认为是后进生要更加复杂，因此需要多方面的共同努力。

首先，尽可能尝试改变对自己不利的现实处境，比如环绕在自身周围过于高压的竞争环境、过于严苛的评价体系等。正如上面的例子，面对不利的环境，梅西一家也曾不得不离开阿根廷。

其次，提高对自我的全面认知，可以通过写"自传"、分析"我的长处"、给自己"戴高帽"这样一些心理小游戏，去发现自己的优点，形成对自己更加客观的评价，逐步体验成就感，从而修正过往形成的不良认知。但这样的改变仅靠个体自身较难实现，需要学校、家庭乃至社会的共同参与。

## 【老师评说】

地不长无名之草，天不生无用之人。每一片树叶都有自己的色彩。事实上，所谓后进生，大多数具备无限的潜能等待被开发。

每个人都有自己的生命节奏和成长经历。既然我们可以欣赏每棵树、每朵花的生命节奏,那么也理应接受每个人有独特的成长经历。然而很遗憾的是,人们常常依照人为的标准,硬是将个体划分为所谓先进和后进,这不能不说是一种敷衍和残忍。

正如大自然中的每一朵花终将次第开放。"后进生"也许进步慢一点,但不可自己丢掉"进"字。只要在努力,就是在进步。

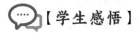【学生感悟】

## 向正的方向积累

文/吴曦(素质班第八届成员)

这篇文章的标题是我在素质班公众号上看到的学长在素质班招新宣讲会上发言稿的题目。所谓"听君一席话,胜读十年书",我看完那篇发言稿之后豁然开朗,许多一直萦绕在我心头的疑惑都消散了,因此我想用相同的标题命名这篇文章。

2019年11月底,我加入了素质班。记得我在自我介绍的时候,谈到对素质班的第一印象,说是"财大气粗",底下哄堂大笑。这是我设计好的一个演讲桥段,显然效果不错。但是素质班到底是一个什么样的社团呢?我一直在问自己。

在加入素质班之前,班长把微信公众号上的班级简介发给我看。我看到了"二十条"的培养方案,对里面的内容很惊讶,它居然详细到了每天几点起、几点睡,要看书、读报,等等。说实话,我没看完。当然我很佩服这样的制度形式,我想这也是很多人喜闻乐见的形式,就像是每个人在新的一年立下的 flag[①]。基于这样的一个愿景,

---

[①] 原意为旗帜,网络引申义为预期的目标等。

每个人都能把自己幻想成很强大的人。但是我只觉得这是一个很长的、有些虚幻的 flag，它长达"二十条"，也会如同年初计划一样被现实痛击。事实上，它也确实被现实痛击着。素质班晚跑活动的到勤率还行，可是一到晨读、晨跑，就很不乐观了。胡羿同学还会隔三岔五地邀请我到天台上侃天侃地，有时我们喝着酒、聊着天，就到了凌晨两点。这和素质班的"二十条"是相悖的。因此，这个问题一直萦绕在我心头："二十条"究竟是什么意思？它不像一个制度需要我们强制执行，但是每天都有人在强调它，它到底有什么意义？

加入素质班的第一个星期，我体验了早上六点起床的挣扎、七点相聚教学楼一同早读的热情、晚跑后在昏暗路灯下演讲的哲思，还有小组内一起团建的融洽，我确实忙起来、学起来、快乐起来了。我现在已经大三了，在我每天早起的时候，每次离开寝室去开会的时候，室友都会问我一个问题："你去干吗？"我说是社团活动。他们又很好奇，我都大三了，还加入什么社团？面对这种疑问，我通常会说，这是一个每个星期都要晨跑和晚跑，要早读，要演讲，月底还要写杂文随笔、新闻评论的社团。这是一个很实在的回答，它不算是很坏的回答，但是我并不满意，因为它还不够深刻。

我在微信公众号上曾读到关于素质班的另一篇文章《素质班真的是无懈可击的吗？》，这是在 BBS 论坛上关于素质班的讨论汇总。BBS 真是个遥远的事物，但幸好这篇文章保留下来了。那天胡羿给我看了这篇文章，并问了一个问题："是因为素质班让这些人变优秀，还是这些优秀的人来素质班之后让素质班变得优秀？"那天我没法回答胡羿的问题，但今天我有一点想法想要说出来。

素质班是干什么的？所有人都告诉我这是一个平台，我们在做一些别人可能不会做的事情。我们做的是什么？正如我们的宗旨"忙起来，学起来，快乐起来"一样，素质班的事情会让我们比较忙碌，每周一次的晨跑或者晚跑，每周两次的晨读，还有每天都要写的读后感等。很多时候，我的业余时间都在忙素质班的事情。但是，看到自己的演讲内容受到大家的欢迎,看到自己的稿件登上了《大学记忆》,这种忙碌很多时候又是快乐的。

我们在培养什么样的能力?从宋老师的讲述来看,素质班是一片教育的实验田,是一个学习性、探究性、创造发展性的团队。在《素质班真的是无懈可击的吗?》中,有人问,凭什么说一本《大学记忆》就可以打动面试官?我想这个问题的本质是,一本《大学记忆》能代表些什么,或者更抽象地说,素质班做了这么多事情,想培养出来的究竟是什么。我经常思考一个问题:做什么更重要,还是怎么做更重要?素质班回答了这个问题。不管做什么、怎么做,本质上做事情才是最重要的,在做事情的过程中我们才能成长。在素质班,我们编辑班刊《大学记忆》、开展贵州支教、组织徒步远足等。当别人还在迷茫犹豫的时候,我们已经在路上;当别人挣扎放弃的时候,我们跨越了新的山峰。素质班不像其他社团专精于一个领域,其核心竞争力也不在于培养某些技术和技巧,我们的目标是培养执行力和思考力。但行好事,莫问前程,当我们忙碌起来后,相应的能力和素质都能慢慢地培养出来。

我们最终的目的是什么?我曾经对"二十条"非常迷惑:那些没有多少人能完成的条条框框究竟有什么意义?而现在我有了一个较为清晰的答案,也许意义就是"向着正的方向积累"。"二十条"是我们的培养方案,它很详细但是又不需要强制执行,因为它告诉我们要向着正的方向积累,给了我们一个明确的目标:什么是正的方向。在每天早上挣扎着不想起床的时候,它告诉我早起跑步或者朗读是正的方向;在和父母之间关系的处理上,它告诉我积极沟通是正的方向;在每天忙碌于工作和学习而疲惫的时候,它告诉我学一首歌、跳一支舞,追寻诗和远方是正的方向。当然"二十条"不可能告诉你所有应该做的事情,它的意义永远不在于它有多少条,以及我们能不能完全按照这个目标去做,但是它教给我一个道理:永远要向着正的方向积累。每个人都能在这个过程中找到自己正的方向。偶尔我和胡羿会违反"二十条"的规定在天台深夜畅饮,但是没关系,我们的交流也会使我们对事物有更深入的了解，促进彼此成长，因为我们都知道这也是一个正的方向。当我们严格执行"二十条"时，说明我们成为一个自律的人，但是当我们跳出"二十条"，找到自己正的方向时，我们才达成了宋老师口中的综合素质培养目标。这就是室友一直问我的，我也一直想要回答的"素质班是个什么社团"。它是一个引领着你找到正的方向的地方。

## 7. 如何学会与自己相处?

### 【案例导入】

成为大学生后的小丽,感觉自己终于自由了。但是当真的有很多时间可以自由支配的时候,她却感到有些无所适从。一个人待着的时候仿佛和世界失去了联系,时间似乎静止了。她也感受不到自己存在的价值,不知道应该干些什么,但又觉得自己必须找点事情做,好像一停下来就会陷入空虚焦虑之中。这种感觉令人难以忍受。静下来的时候,小丽会不自觉地回想起过去做得不好的事情,并因之陷入悔恨,忍不住担忧未来,甚至因为孤独焦虑常常失眠。

小丽做任何事情都希望有人可以陪伴自己,如果没人陪,她甚至会放弃去食堂吃饭而选择点外卖,也会放弃去图书馆而选择在宿舍待着。渐渐地,小丽大部分的时间都待在宿舍,为了逃避现实中的孤独感,她沉溺于网络游戏、社交媒体等虚拟世界中。她每天都会花费大量的时间和精力在网络上,对学习和现实交友不再有兴趣,导致学习和生活受到了很大的影响,上课缺勤率过高,还挂了科,最终被老师约谈。

### 【问题探讨】

哲学家萨特指出,孤独是人类处境的基本特征。个体需要创造生活中的意义,而又觉察到自己孤身置于宇宙,觉察到那种空虚,孤独感就会出现在这种冲突之中。所以,孤独感常被定义为个体内心生活的本质。

孤独是人生的一大主题。它不可避免地存在于我们每个人的生命里。在人生的某些时刻,人们都曾体验过孤独。然而很多人却无法忍受孤独的状态，比如在独处的时候会感到焦虑、恐慌、无聊、压抑、烦躁……无法耐受独处时的压力。为了避免出现这种感受，他们会不停地刷手机、打游戏，甚至打开交友软件随便找人约会。

都说学会独处是必要的，那为什么有的人就是做不到享受独处呢？其实，与自己相处是一种能力，但并不是所有人都具备这种能力。我们先来看一个神奇的实验：一群被试先接受了一次电击，以体会那种锥心的疼痛感，他们纷纷表示再也不愿意接受电击了，甚至可以为此放弃当被试的费用。之后，研究者请这些人待在一个空旷的房间里，独自待上 15 分钟。在这 15 分钟的时间里，人们可以有两种选择：一是"什么都不做，仅仅跟自己的思想、感受待在一起"；二是"选择主动电击自己，打发时间"。结果，竟然有 1/4 的女性和 2/3 的男性在这段与自己独处的时间里至少电击了自己一次，甚至还有一名被试，在短短的 15 分钟内，总共电击了自己 190 次。

不仅研究人员对实验结果感到震惊，相信每个看到这个实验结果的人都会一脸问号：为什么有些人宁愿做一些让自己痛苦的事，也要逃避与自己的相处呢？人们竟然如此讨厌"什么都不做，仅仅跟自己的思想、感受待在一起"吗？精神分析学者们认为，与自己相处是一种能力，拥有独处能力的人是能够被自己的内心（思想和/或感受等）所陪伴和安抚的。哪怕什么都不干，也并不感到无聊或空虚，而是自得其乐。心理学家温尼科特指出，拥有独处的能力，是一个人情感成熟的重要标志之一。然而，客观上的独处状态，并不等同于也不必然意味着拥有独处的能力。也就是说，长期独自生活，未必会磨炼出独处的能力。不能独处可能存在以下五个方面的原因。

第一，孤独的状态可以理解为与自我相处的状态。一个人待不住，其实意味着和自己在一起待不住，这很可能是因为对自己不够满意。怀疑自我价值的人，倾向于通过不断地找事情做，来缓解内心的自我对抗压力。比如，有些所谓的"工作狂"就是出于这样的心理，他们通过不停地工作，来使自己无暇产生自我怀疑。还有人认为自己很无趣，因此需要寻找寄托，有人陪伴。

第二，孤独会带来羞耻感。有些人认为：如果一个人没有人陪伴，这就意味着他很失败，别人会因此嘲笑他。持有这种想法的人，会抗拒一个人相处，不管去哪里，都要自己的伙伴陪同。仿佛身边有另一个人在，就可以减少他人异样的眼光。这其实是内心极度缺乏自信的表现，他们害怕别人的目光停留在自己身上，害怕别人发现自己的不足并示以嘲笑。

第三，缺乏安全感。一些经历过危险比如严重暴力伤害的人也会害怕独处，这是经历创伤后产生的后遗症。个体在独处的时候容易丧失安全感，并因此极度焦虑，需要他人的陪伴来减轻恐慌情绪。此时，我们应尽可能给予他们陪伴，并帮助他们在治疗过程中努力克服这种应激伤害。

第四，内心存在焦虑。一个人独处的时候，其实会面临很多选择，此时需要多问自己：我可以做什么？我愿意做什么？我的生活能够过成什么样子？如果内心有可以聚焦的想法，有自己的兴趣爱好，那就比较容易"待得住"，否则会感觉无所适从，在无聊、焦虑的状态里不断地消耗自己的精力。

第五，无法将注意力放在当下。有一部分人在独处的时候，会忍不住回想自己过往不愉快的经历，或者对未来表示忧虑，难以将注意力聚焦于当下的生活。他们仿佛总是心不在焉，和当下境况处于"失联"状态。这是现实感不足的表现，需要我们切实地投入具体的行动中，学会专注当下。

人类的痛苦不在于孤独本身，而在于人们总想摒弃孤独。因此，想要获得独处的能力，首先需要让自己不再害怕独处。独处可以帮助我们更好地感受真实的自我，拥有更强的自我感和更充沛的情感，也有利于我们创造性地发展自己的天赋。

那么我们应该如何修炼独处的能力呢？

第一，和自己做朋友。你需要不带评判地观察自己内心的想法与情绪，如同一位"好妈妈"那般，及时温和地回应、肯定或安抚自己的内在感受。你可以尝试在独处的时候，把自己的内在当作一位朋友，通过写信的方式来和自己对话。如果你有大量的负面情绪充斥在头脑中，也可以尝试寻求心理咨询师的专业帮助，请咨询师和你一起整理自己的内在空间。

第二，与内在的自我和解。在前文阐述不能独处的原因时，提到这可能与对自我的不认可有很大关系。因此，与自我和解，减少对自我的怀疑、抗拒乃至厌恶，"喜欢上自己"，是获得独处能力的最直接、最有效的办法。

第三，主动面对孤独，练就"孤岛生存"的能力。你可以试着给自己制造一些好的独处体验，主动寻找独处的乐趣。在独处时去做一些你觉得有意思或者有价值的事情，不用考虑自己能否做好，不要给自己太大压力。

第四，打破认知上的偏见。你应试着破除一些错误的心理暗示：不能独自去看电影，那是为情侣准备的活动；也不能独自去吃火锅、去"K歌"，那是一群人才干的事情……不要去揣测他人会怎样看待你，重要的是你是否能在独自做这些事情时感到快乐。勇敢地去体验独处，会让你获得更大的自由。

第五，孤独中其实孕育着对新关系的渴望，你可以评估一下自己的人际关系质量，看看身边是否存在着既亲密又彼此独立的关系。如果没有，则需要学习去建立高质量的关系。

第六，培养安定的能力。如果你的注意力很难在当下安定下来，可以尝试练习正念冥想，调节自己的注意力。

第七，在必要的时候，你也要学会坚定地拒绝他人的打扰或他人过度参与你的生活。

## 【老师评说】

人们往往把擅长交往看作一种能力，却忽略了善于独处也是一种能力。从一定意义上讲，善于独处是一种比擅长交往更为必要也更为重要的能力。

拥有和自己相处的能力是至关重要的，这种能力在很多方面直接影响着我们的生存质量；它让我们摆脱对他人的绝对依赖，让我们感受到对生活的掌控力，让我们不再恐慌。素质班的宗旨是"忙起来，学起来，快乐起来"，如果你真的忙起来了，学起来了，应该能够避免被孤独感所淹没而产生的无助。

当面对孤独时，我们要学会去享受它，而不是一味忍受或逃避。明白了这个道理，或许才算真正成熟。正如网上流行的一段话：哪有什么避风港，风来了我就慢慢走，雨来了我就靠边走，打雷了我就捂着耳朵走……人到了一定年龄，自己就是自己的屋檐，再也无法找到地方躲雨。

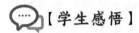【学生感悟】

## 独处的妙处

文/宋爽（素质班贵州支教队队员）

  大山的夜晚，寂静得只听得见风从耳边拂过，有一丝凉意却恰到好处。静坐在操场上，这样的感觉真好。不被人打扰，只有头顶的一轮明月陪着，总不免想起朱自清《荷塘月色》中的"我爱热闹也爱冷静，爱群居也爱独处"。相对于热闹的都市，我更爱此刻的宁静。

  在喧闹的城市里，到处都是霓虹灯，人头攒动，留给每一个人的私密空间所剩无几，人们仿佛没有了独处的空间。但在这样热闹的环境中待久了，反倒常常会感到孤独，害怕一个人待在一个周遭无人的空间里。而在这里，大山千百年来都兀自耸立着，山里的人有可能一辈子都走不出去，他们与外界的交流甚少，甚至与山那头的人一年也来往不了几次，只默默过着自己的生活。调研过程中，村民告诉我们，他们的娱乐活动非常少，甚至和邻居聊天的机会都很少。可能这里的人不知道什么是热闹，但是他们却深深知道什么是孤独。愚公一生都想移走屋前的山搬出去住，我常想，等他成功的那天，看到了外面的世界，他是否会后悔当初的选择。

  在贵州的一晚，夜里热得难以入睡，我便轻手轻脚地走到门外走廊上乘凉，吹着风顿时凉快了许多。黑暗的夜被透亮的月亮照着亮堂了许多，山里还传来狗吠声，我忽然缓过神，自己一个人虽站在走廊上已多时，却一点都不害怕。在月光的照射下，自己仿佛在与天地对话，彼此都没开口，但心心相印。

孤独对人是非常重要的修炼。每个人来到世界上都是热闹的，伴随着自己的啼哭声，伴随着家人的欢笑声。但是随着年龄的增长，身边的朋友都会有自己的家庭生活，父母会老，最终我们身边的人都会离我们远去。《红楼梦》中贾宝玉是最怕孤独的，他喜欢热闹，喜欢和姐姐妹妹们一起玩，但到最后贾家衰败，得知林妹妹死去，贾母等亲人也不在时，繁华享尽，富贵终了，方明白繁华富贵不过一场梦。始从何来，终回何去，最终，他选择了出家。

孤独和独处是两种概念，独处不等同于孤独。独处是一种境界，一个人独处时不觉得孤独，反而觉得很美好，这是需要修行的。

1845年的春天，梭罗在老家康科德城的瓦尔登湖边建起一座木屋，过起了自耕自食的生活。他在湖边生活了两年多，写下了著作《瓦尔登湖》。他曾写道："如果要孤独，我必须要逃避现在——我要我自己当心。在罗马皇帝的明镜大殿里我怎么能孤独得起来呢？我宁可找一个阁楼。在那里是连蜘蛛也不受干扰的，更不用打扫地板了，也不用一堆一堆地堆放柴火。"梭罗这两年多时间的湖畔独居绝不能被看作隐士的生活，他是有目的地探索人生、批判人生、振奋人生，探寻人生更高阶的规律。梭罗选择了独处，但他从不感到孤独，反倒激发了他去探索和思考人生，这何尝不是独处的妙处。

短暂的贵州支教行，让我分外珍惜每一个夜晚独自一人坐在夜空下的时光，让时光驻足，去体悟独处，学会孤独，这将使我一生受益。

## 8. 快感缺失怎么办?

### 【案例导入】

一位大学生在知乎上发帖,问自己为什么怎样也快乐不起来,感到心灵特别空虚,没有精神支柱,做什么都没劲。快乐的时候也很快乐,但有时就像没来由地挨了一棒子那样,马上变得不快乐。游戏玩着玩着就觉得没意思,视频刷着刷着也觉得没意思,美食吃着吃着还是觉得没意思。

这位同学是这样说的:

我每天的生活是高度重复的,宿舍、教室、图书馆三点一线,身边也无人陪伴。我没几个朋友,上了大学后,总觉得人与人之间有距离。我曾在网易云上看到一句话,很感同身受:"别人对我说笑话我也会笑,但是不会开心,就像身体不由自主地笑起来一样。"我有几个兴趣爱好,但都没怎么去实践,本来给自己制订了一大堆计划,比如参加几个社团、学习画画、练习瑜伽、每天按时睡觉等,但是一个也没完成。我迷茫,我自卑,我羡慕别人的大学生活,可我却只能感慨一句:"我的大学生活真无聊!"我又开始怀疑所学的专业以后能否用得上,怀疑大学毕业以后的人生该何去何从。为什么越长大越不快乐呢?

### 【问题探讨】

看了这个案例,你可能也会问自己:"我最近有因为什么事情而开心吗?"如果你一时想不起来有什么开心的事情,那你可能要问一下自己:自己的快感是不是缺失了?比如,跟朋友在一起玩耍,有时看着他们玩闹,自己却像个局外人一样冷静,"嗨"不起来。欲望、满足感和能量感,似乎都从生活中消失了。

那么什么是快感缺失呢?快感缺失指的是体验快乐的能力丧失,既无法感受快乐,也不期待快乐,失去了对惯常活动的兴趣和新鲜感。那什么时候会陷入快感缺失的状态呢?

首先,快感缺失与长期的压力有关。我们经常会听到一种形容,说一个人快乐得像一个孩子。孩子之所以快乐,是因为他们较少有生活的压力,也不会为未来而担忧。而当人们处在长期的压力下时,尤其是这些压力不是自己主动选择的(即我"愿意做"某事),而是因"不得不做""应该做"或"必须做"某事而产生的时,人们就会感受到很重的负担,头脑中关注的是如何回避问题、摆脱麻烦或快速解决问题,而难以用轻松的心态去面对挑战,也无法去感受当下所发生的事情并从日常生活的点滴中感到愉悦。

其次,对生活不敢有美好的期待,觉得做什么都徒劳无功,没有意义。有的人会有"快乐是别人的,我什么都没有"的心态,这与个体的低自尊感有关。当生活中遇到很多不顺意的事情时,挫败感等负面情绪就会影响到我们。有时候,为了避免心中的理想再次幻灭,人们会逐渐放弃去努力、去拼搏、去用心体验,而以一种"咸鱼"的心态去应对:"就这样吧,算了吧,我不配。"这种快感缺失像是一种防御性策略,好像自己真的做不到心中想要的样子,从而不再去感受这类快乐。

再次,缺乏高质量的关系。如果没有一段高质量的亲密关系,人们也容易丧失快感。快感缺失与亲密关系中的承诺、尊重、关怀等的缺乏也有一定关系。如果在亲密关系中缺少承诺,就会失去一部分动力来维持这段关系。而当双方不再相互尊重、欣赏、关心时,这段关系就会缺少很多积极的因素,彼此不能合理对待对方的情绪。

此外,在亲密关系中体会不到快乐,也可能是因为觉得维持亲密关系的成本超过了这段关系所带来的收益。例如,"我很想见异地的伴侣"是一种追寻快乐的动机,而要实现这件事,可能就需要在这个月提前完成所有的工作,并且攒下更多的工资,这样才可以在月底的时候开心地去看望他(她)。可是如果这个月真的已经忙到没有时间睡觉,并且财务还非常紧张,那么一想到去他（她）的城市，不仅需要金钱和时间，还会干扰自己的工作，那就可能产生一些负面情绪。当这些负面情绪压倒了即将见到恋人的快乐时，我们可能就失去了得到这分快乐的欲望。

最后，可能是在用无趣防御孤独。有时候体验不到快乐，其实也是社交孤独的体现。快感缺失程度越高，可能说明孤独程度越高。而在与他人的交往中缺乏愉悦感，也会反过来导致社交退缩行为。人们在生活中是有情感需求的，也许日复一日的工作使我们无法跟朋友见面，但我们仍会期待着见面。但当一个人长期处于社交缺失的状态时，他的社会参与感在降低，对生活满意的程度也在下降，从而处于一种比较"丧"的状态，这反过来会阻止我们去参加新的社交活动。那么，如何找回自己的快乐呢？

第一，科学作息，增强身体的能量。有时候，不太理想的生理状况也会使人陷入快感丧失的状态。面对长期的疼痛、失眠、压力时，我们的身体会消耗很多能量。此时我们可以通过适当饮食、锻炼与睡眠，让我们的身体找回精力充沛的感觉；也可以练习正念，增强我们对于情绪的敏感度；还可以与朋友们开展一些自我照顾类型的活动，提升社会参与感。

第二，找到属于自己的价值。可以对自己来一次"灵魂拷问"：我是否在过自己想要的生活？我在做的事情是自己愿意做的吗？如果不是的，那么可以考虑重新调整你的生活。在调整你的生活的过程中，会涉及一个深层次的问题，就是你认可的价值是什么？这个价值也许和世俗意义上的价值不同，当你明确并且坚持自己认可的价值时，就不会有意无意地被周遭事物所裹挟。

第三，觉察关系中的需求。改善亲密关系也是重拾快乐的重要办法之一。亲密关系中的快感缺失并不是由一次两次的失望与气愤造成的，而是源于日积月累的无奈与不满。当我们在亲密关系中感觉不适时，就要仔细觉察，并且与对方及时沟通，看看彼此之间是否忽略了对方的需求，从而使消极的情绪在日常相处的角落里暗自滋生。在一段亲密关系中，并非始终都存在着亲密感，相互欣赏、相互关怀的激情还有可能随时间的推移而消减，因此我们需要重视情感的保鲜，及时沟通，用心维持。

第四，不被头脑中的消极想法所控制，积极行动起来。很多时候，快感缺失是因为头脑中存在一些消极想法阻碍了我们去行动、去感受。"去运动,好累啊""出去聚会有什么意思呢?也不过如此吧",这类在行动前就已经气馁的声音使得我们无法自主地行动,即便勉强去做了,也会倾向于关注那些负面的信息,从而验证自己的判断——"我就知道吧,肯定没啥意思!"因此当你留意到自己头脑中存在种种消极想法时,就需要提醒自己:那仅仅是一个想法,未必是事实。

第五,接受"快乐需要成本"这一观念。快乐,就像我们大部分财富一样,不是不经劳作就能自然产生的。获得快乐,需要我们投入劳作之中,这就是我们为快乐付出的成本。有的人看上去很容易感受快乐,生活中一件不起眼的小事、街头一幅其貌不扬的招贴画、旁人随口说出的一句俏皮话,都能让他们瞬间快乐满怀。这是一种对生活的感悟能力。要想获得这种能力,需要我们在生活中做个有心人,深入地去观察这个世界,认真地去体味其中的不寻常,形成自己触摸生命和生活的独特触角。这并不是一蹴而就的。同时,更多的快乐是需要我们先经历一段艰辛的过程才能体会到的,比如坚持健身、攻克项目难关、考取心仪的学校等。我们必须接受这件事情,培养自己"延迟满足"的能力。

## 【老师评说】

有句玩笑话说:"生活就是'起起落落落落落落'。"但只要一直走下去,怎知下一个出现的就不是"起"呢?正如稻盛和夫所言,渔夫出海前,并不知道鱼在哪里,可是他们还是选择出发,因为他们相信,一定会满载而归。人生很多时候,是选择了才有机会,是相信了才有可能。

素质班的宗旨是"忙起来,学起来,快乐起来",真正高质量的快乐,是以充实而有获得感的努力为基础的。不管你目前的生活状态是怎样的,都请记得每天给自己打打气,先"支棱"起来,然后你会发现,快乐就在路上,你对了,世界就对了。

这也是大学生新素质培养内容"焕发生命力—感知幸福"的意义之所在。积极追求健康幸福,是我们不断前进的动力源泉。

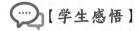【学生感悟】

## 梦回大学

文/陈孝群（素质班第二届成员）

虽然离开大学才四个多月，但是好像已经离开了很久。有一天晚上，我毫无睡意，便拿起枕边的日记本回忆起往昔的那些日子。本只想随意翻翻，哪想字字句句读出来，竟那么让人动情。此时此刻，我又与过去有了某种联系，这种联系与我的大学生活有关。

很多人教我们要活在当下，不要总是想过去的事情。但是，没有过去，我们又如何了解现在的自己呢？我的大学生涯并非没有遗憾，但正是在这里的时光使我成为现在的我，我没有理由去否定自己。每个面对生活、面对未来的人，首先必须要肯定自己，至少是肯定现在的自己。我在刚上大学的时候，就坚信大学将帮助我塑造更好的自己。

很多人会把大学当作避难所，可以逃离上大学前的禁锢，也不用面对大学毕业后的竞争。那么这两者之间的大学，究竟是怎样的呢？我常常会被电影中怀抱书本、迎面走来的大学生的那种怡然自得和自信满满所吸引，甚至有几次在暖阳当空的马路上模仿过这种情形。这种幼稚的行为会让我傻笑不已，但我依然感到莫名的轻松和愉悦。就是这样，我常常在路上阔步向前，迎风而笑，像是在炫耀，又像是有所希冀。而我在希冀什么呢？我在希冀能够更加深入地感受我的大学。

刚上大学时，学校里广泛流传着"大学里应该做的十件事"。这些都是前辈们精心总结出来的经验，但我现在已经不记得这些应该做的事是什么了。不过我还是想说说我对大学的理解，它具有以下重要的功能。

（1）扩展了阅读的空间，让阅读更加自由。进入大学前，我读过的非课本类书籍可以用个位数来形容。没有阅读意识是一部分原因，没有人引导且没有外部条件支持则是另一重要的原因。在大学里，阅读资源变得极其丰富，我不再无书可读，而是在书架之间不断徘徊、彷徨，不知该选哪一本来读。这时，会有各种各样的参考书单像雪花般飞来，但书单太多，我竟不知道到底该采用哪一份书单了。这成了一场探险，需要多向老师、同学询问意见，也需要时时反思自己的兴趣，目的是要找到属于自己的阅读方式。很幸运的是，我做到了。

（2）了解自己，认识自己，发展自己。很多刚进入大学的学生可能会有一种感觉，那就是知道自己"不擅长"什么，却对自己"擅长"什么缺乏认知。很长一段时间内，各种表格中的"特长"或"爱好"一栏常常令我头疼，我甚至一度连特长和爱好之间的区别都分不清楚，盘桓于脑海中的永远是"这个我不会""那个我不敢做"之类的话。有时，我也会自我安慰式地说：我会在学习（也就是考试分数）上做得更好，不会这些也没什么的。但是，这不一样！大学里，我们需要发现自己、发展自己。

有句话说道，知道自己不想要什么就已经成功了一半。这话是说我们需要更清晰地认识自己，但是在这里，我们不应把自己"不擅长"的东西与自己"不想要"的东西相混淆。大多数时候，我们并不是"不想要"这个东西，而是担心自己做不好而选择逃避。那些"不想要"的种种，会不会就是我们一直渴望、羡慕但是没有勇气去追求的呢？所以发展自己的第一步，首先是坦诚地面对自己，面对自己的欲望，同时面对自己的胆怯，然后大胆地行动。

（3）追寻归属感。好的大学会让学生和老师都产生强烈的认同感和归属感。记得每逢新生报到的日子，腾龙大道上就会高高地悬挂着"今天我以经院为荣，明天经院以我为傲"的横幅。我刚入校的时候觉得挺好笑，觉得这横幅正儿八经得有些做作。但是，当我对学校、对我的大学生活有了更多认同后，我竟然发觉，自己再读这条横幅时，竟然洋溢着一股强烈的归属感，为我是其中的一名学子而感到骄傲。

总结起来，大学就是要努力找回失落的自己，塑造未知的自己，为成就理想的自己添砖加瓦。大学离社会只有半步之遥，但一旦进入社会，我们距离大学就是千里万里了。但大学里那些熟悉的场景还在原地，等待着我们在某个瞬间穿越回去。

## 9. 如何学会与过往和解?

**【案例导入】**

女生小邱的母亲在自己很小的时候就离世了,随后父亲再婚,生有一个弟弟。她感觉自己在家里一直被冷落,没有归属感。小邱向学校的咨询师回忆,自己即使取得了很好的成绩,也好像得不到父母的认可。她也因此不愿向别人袒露心声,总是做生活中的"小透明"。小邱在生活中有一个对她很好的男友,也渴望美好的爱情和婚姻,但是她对与对方走到最后始终没有信心。她害怕对方会因自己复杂的家庭而心生嫌隙,也担心自己在很多方面做得不够好。在充满期待和自我怀疑之间,她被来回拉扯,不知如何自处。

**【问题探讨】**

弗洛伊德曾说,人的创伤经历,特别是童年的创伤经历会对人的一生产生重要的影响。童年时期对一个人的一生是至关重要的,所以心理医生在面对治疗者时,很多时候都会从他的原生家庭、从他的童年去寻找问题的起因。曾经有一位同学在进行心理咨询时,说自己特别害怕听到敲门声,原因是他的父母从小就对他非常严格,不仅会严厉批评他,有时还会打骂他。后来,他只要犯了错误就会躲在房间里不出来,但他的父母还是会不停地敲门。这个童年阴影直至他上了大学离开父母后仍然存在。另外还有一件发生在我身边的事情,一位大二的女生得了严重的抑郁症,尽管老师和医生都在尽力帮助她,遗憾的是,她还是选择了自杀。在她的遗书中满是对父母的控诉:"小时候你们很少夸我,却经常骂我,还经常在你们的朋友面前批评我。有一次去游泳馆,我总想去深水区玩。爸一个人在深水区玩,最后他说'那你来吧',然后我溺水了,他却在岸上看着我扑腾,最后还是一个叔叔把我从背后抱起来,爸还在笑。每当想起这件事,我的心都死了。你们不喜欢我,不过是一棵树没有长成你们喜欢的形状,你们把我压得太重,还把我向上飞的翅膀折断了……"

亲密关系、自我认知,是青少年时期的两个主要议题。个体通过与养育者的互动形成的依恋关系,将极大影响个体在未来对自我的认知以及与外界的人际交往。童年的创伤,常常会使个体形成较为负面的自我认知,认为自己是一个不值得被爱、被尊重的人,从而出现低自尊、自卑、无价值感、自我否定等心理。

童年的创伤,有的来自亲情的缺失,有的来自老师的粗暴对待,有的来自同学的欺负侮辱等。这些伤害有时候并不会随着时间的消逝而消失,它们甚至时常会在创伤者的梦里出现,更严重者会觉得伤害如同影子一样跟着自己,会因某些情境出现条件反射,不断重复着童年的创伤。美国著名儿童插画家莫里斯·桑达克曾说:"不要轻视童年时代的恐惧与不安,它们将伴随人的一生;不要低估孩子的洞察力,他们什么都知道。"这些伤害会潜移默化地影响着孩子的人格形成、人际交往、对世界认知等方方面面。那些从小缺少父母陪伴的人,可能会缺乏安全感,会不自信;小时候遭遇过性侵、猥亵的人,可能会害怕接近异性;在暴力下长大的孩子,可能更加冲动;从小被过分要求优秀的人,可能隐藏着深深的自卑;等等。背负着创伤成长的人,他们不仅会惩罚自己,也可能会将伤害投射在与其相处的他人身上。就如电影《沉默的羔羊》中,无论是有着较重防御心理的见习女特工,还是变态杀人狂,他们的所作所为都与其童年经历的伤害有关。

如果很不幸,童年的经历确实已经形成了无法弥补的创伤,那我们就要学会与他人和解、与自己和解。与他人和解,常常绕不开的是与原生家庭的和解。东野圭吾在《时生》中写道:"谁都想生在好人家,可无法选择父母。发给你什么样的牌,你就只能尽量打好它。"面对童年时的不被善待和缺少呵护,抱怨终究是无意义的,想要快乐,就要去改变。与他人的和解，其实是个体的自我和解。雨果曾说："世界上最宽阔的东西是海洋，比海洋更宽阔的是天空，比天空更宽阔的是人的胸怀。"宽容了他人，就是跨过了自己的"心坎"和"魔障"，也就善待和遇见了更好的自己，实现了与自我的和解。

演员陈坤曾接受访谈，坦言自己幼年时父母离异，他跟父亲的关系并不好。物质的匮乏与爱的缺失。让他变得孤僻敏感，既要强又自卑，甚至一度患上抑郁症。好在后来他开始主动寻找解决方法：打坐、禅定、行走。他去川藏、滇藏地区徒步，在行走中感受自己的内心，在这个过程中尝试与过去和解。慢慢地，他整个人变得平和，再后来他自己成为父亲，也慢慢理解了自己的父亲，如今与父亲也和解了。如果一个人无法与自己和解，而是带着阴影继续生活下去，这只会给自己带来持续的伤害。

这里，给大家介绍几种自我救助的方法，通过不断尝试积累正面认知，从而修正负面认知。

要学会自我觉察。回顾心理历程，真实地"看见"自己，是修复一切创伤的开始。回顾自己成长历程中曾发生的事，并用现在的眼光去审视，用更成熟的、更客观的立场去剖析过去发生的事情。你可以尝试写"情绪日记"，记录自己的情绪，并相隔固定时间回顾日记，仔细思索生活中到底有哪些事会让你产生情绪波动，这种做法对于心理复健很有帮助。还可以尝试制作自己的"生命线"，先在纸上画一条线，然后仔细回忆并梳理自己的成长历程，在线的上方记录下生命中开心喜乐、有纪念意义的事件，在线的下方则写出受到伤害的事情。当你通过画出的生命线回顾过往、追溯记忆的时候，你会发现，自己的过去也许并没有想象的那么糟糕甚至悲惨。我们之所以总感觉自己不幸，是因为心里放不下曾经受到的伤害，并在反复地回顾中将之不断放大，以至于它真的成为自身成长过程中挥之不去的阴影，而阴影也将曾经的快乐与幸福给遮蔽了。我们还可以试着与他人沟通，比如父母、朋友、老师、心理咨询师等，让压抑在自己心里的情绪适当宣泄、释放出来。若是难以与对方直面沟通，也可以通过写信等方式间接表达。另外，养成定期运动和健康饮食的习惯也会有助于自我调整。

## 【老师评说】

在一个人没有认清过往创伤的本质之前，不论他做什么、怎么做，都是徒劳的。只有认识、了解、知晓创伤的根源和内在原因，才能逐渐走出阴影，拥抱阳光。

同时，心理阴影的形成并非一朝一夕，心理创伤的修复过程也不会一蹴而就。不管是运用哪种方法，不管曾经的创伤有多大，请一定相信，创伤是一定可以愈合的。

## 【学生感悟】

### 与自己的过往和解

文/杨赵辉（素质班第十届成员）

不知道大家会不会和我一样，总会沉溺于自己或美好或不美好的过往之中？回忆过往固然是与生活相拥的一种方式，但如果我们总是活在过去的不愉快中，便会被过往困住，变得缩手缩脚，可谓得不偿失。故请与自己的过往和解，去和美好的未来相拥！

每个人的人生旅途都是独具特性且波澜起伏的，正是这些独特性造就了这个流光溢彩的大世界。正因如此，我们要珍藏每一段经历。贝多芬的创作是艰难的，但正是因为那段艰难困苦岁月的独特性，让他有机会将自己谱写的音符流传于世。虽然疾病本身是痛苦的，是应该被克服的，但是那段抵御苦难的日子，即使再艰难，也是个体生命长河中独一无二的碎片。我们时常会想：如果给我一次从头开始的机会就好啦！或者，如果当时我这样做就好啦！但很遗憾，我们没有这个超能力，世界也没有这个荒谬的设定，那我们该带着怎样的心态去生活呢？

如果给过去的我们一个机会，按照我们当时的心智和个性，答案是显然的，我们还是会做出同样的选择。我们的过往和曾经做出的选择，无论是成功的，还是相对失败的，都是我们当时最坚定的选择。电影《想见你》就讲述了这样一个故事，我们总想着凭一己之力改变我们的生活轨迹，去再次拥有那些曾经失去的东西，但我们最终会发现，一切都是徒劳的。我们改变不了那个既有的闭环穿越，依旧会一次次做出相同的选择，我们永远不差机会，但是却常常忽略那个"本该如此"。因此，我们没有任何理由去批判那时的我们，他们也只是做了自己想做的事而已。再者，每一个选择背后都有着不同的道路，我们正走在这条路上，无论这条路是宽阔的还是狭窄的，我们都要好好走下去。现在的我们能做的、需要做的，也只是对过去的我们负责，去走好这条路而已。过往时常存有遗憾，但未来的指挥棒在我们手中，我们可以把握自己的将来。过去留有的遗憾，我们可以现在去弥补，过去失去的一些东西，我们也可以用另一种方式让它们与我们同在。从现在开始，我们可以做好自己着手的每件事，好好把握每次机会，认真理清利与弊，然后大胆地、从容地，往前走！

至此，我们已经实现了与过去的和解，希望大家能永远活在未来！拥抱未来！

## 10. 怎样实现高质量陪伴？

**【案例导入】**

某论坛上有一个帖子写道，一位女儿经过高三的拼搏，终于考上了大学。于是妈妈辞去老家的工作，到女儿学校所在地"陪读"。她在学校附近租了一个房子，每天除了打零工外，还会到学校给女儿送午饭和晚餐，帮女儿打扫宿舍和整理床铺。网友们在该帖子下展开了激烈的讨论，不少人认为孩子都上大学了，没有必要再陪读，这不仅无法让孩子独立，还会让孩子对父母的照顾形成依赖；也有人认为孩子进入大学后，母女还能相互陪伴，是件很幸福的事情。

**【问题探讨】**

据了解，部分学生进入大学后，父母仍会在学校附近租房陪伴他们。也有学生要求在外地工作的父母每周来学校看他们，甚至在父母需要出差不能来学校时坐飞机去父母出差的城市见面。这种陪伴的现象可能有各种不同的成因，比如孩子要求父母继续待在身边照顾他们，或者父母担心孩子无法适应一个人在校的生活。但我们仍需要思考，这种陪伴是不是合理的。

孩子需要父母的陪伴，父母也需要孩子的陪伴。这种需要是无可厚非的，但在不同的人生阶段，父母与孩子的陪伴具有不同的形式。年纪较小的孩子，比如还在读小学、初中的孩子，父母需要给予充分的陪伴和细致的照顾。但当小孩年纪渐长，就应让他们尝试脱离父母的庇护，学会独立发展、融入社会，而不能一直如长不大的孩子一样，期待父母一如既往的陪伴和无微不至的照顾。

那么，为什么有些大学新生仍不能独立生活，需要父母在身边陪伴呢？

首先，这是青春期的成长矛盾的一种体现。在自我同一性还没有完全建立起来的情况下，这些学生会因早期的亲密关系与现在的孤独状态的对比产生焦虑情绪，在明明该"断奶"的时候，仍想回到妈妈的怀抱。

其次，随着社会的快速发展，很多父母因为各种原因无法为孩子提供充足的陪伴，这使孩子对父母的陪伴更加期待，父母也因为心中对孩子的内疚不愿意拒绝这种期待。

个体对亲密关系的需求是与生俱来的，通过高质量陪伴建立起来的依恋关系，确实有助于个体去独立地探索世界。如果你因父母常年不在身边而有所抱怨，这是非常正常的情绪，完全不必自责。但是，部分学生对父母的陪伴存在过度依赖，这也是需要警惕和反思的。

在缺乏高质量陪伴的情况下，我们可以从以下几个角度来调整认知。

第一，充分认识到每一个人的内心都有丰富的能量和资源，我们自身要感受这些能量和资源的存在，认识到自身的独立性，并学会去开发它们。成长，不仅意味着个体生理和心理的成熟、知识和经验的提升，也是一个与父母逐渐分离的过程。我们可能习惯于在情感上将自己与亲近的人"融为一体"，但成长的独立性恰恰需要我们去理解哪些东西是"我"的，哪些是"父母"的，这样才更容易意识到"自我"的存在。与亲近的人的分离，是为了让我们作为独立的个体与他人更好地维系亲近的关系。

第二，学会沟通与表达，通过沟通与表达去建立、夯实自己的内心世界与外部世界的联系，从而变得更加自信、坚强、快乐。首先要做好与父母的沟通。沟通其实也是一种陪伴，比如著名作家傅雷与他的孩子就有许多书信交流，这些书信后来被收录在《傅雷家书》中。在《傅雷家书》里，我们可以了解到，傅雷在孩子海外求学直至成家立业的十余年时间里，一直用这种方式陪伴着孩子。再反观当下，如今有这么多便捷的沟通方式，与父母之间的情感交流和沟通就更容易了。其次，与师长的沟通也是极其重要的。我曾经带过一位学生，该生性格内向自卑，不愿与他人相处。在两年的时间里，我和素质班人尽可能积极且适度地与他保持良好的关系，偶尔做些深入的交流。毕业离校之际，他很感激地对我说："宋老师，是您使我抛弃了失意者的哭泣和抱怨者的牢骚。"最后，与朋友间的沟通也是至关重要的。年龄相仿的同伴之间往往有着相似的成长经历和故事，在同龄人中寻找和发现可以交流的人，与之相伴，建立深厚的友谊，将是我们一生宝贵的财富。

第三，尝试培养更多的兴趣爱好，探索自己喜欢的生活方式。这个世界上有各种各样的生活状态和生活追求，父母为你规划的生活表达着他们的期待，但也许并不适合你。

第四，每个人都需要学会独处。多数人的一生中，大量的时间里是没有他人陪伴的。我们必须学会并适应与自己相处，这也是成就自我的一项磨炼。

## 【老师评说】

如今的家庭教育和学校教育，越来越重视陪伴的作用，尤其是高质量的陪伴。所谓高质量的陪伴，需要双方用心经营，在陪伴中感受彼此的爱和关注，体验到来自对方的关心和尊重，彼此守护，共同成长，而不论这种陪伴是来自家长、老师还是同伴。正如素质班的同学那样，大家总在一起"搞事"，比如一起晨跑，一起编辑班刊《大学记忆》，假期一起去山区支教，一起进行田野调查，一起徒步爬山，一起参加各类竞赛，等等。只有多去探索，才能发现自己真正的爱好，培养自己高雅的情趣，建立自己独有的品性。正如一位素质班同学所说："生活在有素质班陪伴的世界是幸运的，在懵懵懂懂的青春被寄予世界的温柔是幸运的，近二十年如一日的坚持是素质班的底色，也是我们素质班人在此出发去探索更广阔人生的底气。"

【学生感悟】

## 你若阳光灿烂

文/李金蓉（素质班第四届成员）

阳光温热，岁月静好，是待在这里的第一感受。

贵州的太阳不似武汉的烈日那般令人焦灼、烦闷，在这里，太阳是暖人心的，阳光总是暖洋洋地洒在身上。

到贵州的第二天，我们还来不及休整就开始投入支教工作中。这是我第一次当班主任，带三年级的小学生。已经忘了是怎样开始的，只记得和教官陶子一起走进教室时，孩子们那一双双清澈、明亮、硕大的眼眸便齐刷刷地投射到我们身上，随后，孩子们便安静地听着我们讲话。

但是这种安静持续的时间不超过五分钟，孩子们的天性便爆发了——我们的话还没讲完，他们便接过话，甚至直接抢话。当你要求举手时，他们便又刷刷地把手举到你的面前。你要求他们保持安静，他们却坐不住开始离开座位。你转身在黑板上写东西，他们却讨论炸开了锅。你开始有点生气了，他们却咧开嘴冲你笑着。当我看着他们天真的笑容，就像冬日的阳光洒在我身上，暖暖的，于是原有的"怒气"烟消云散。

两颗心的距离有多近？他们为什么能够接受我们？我们又凭什么让他们接受我们？在和他们相处的日子里，我知道了，正是他们的无邪，他们的单纯，他们的懂事，让两颗心的距离化作了一句话的距离。简单的一句问候，就会让他们备受感动；一句话的关心，就会让他们久久难忘；一句话的玩笑，就会让他们乐呵半天；一句话的对白，就会让他们记忆深刻。

有一次，在中午休息的时候，我们班的翱宇偷偷爬树捉鸟，结果不小心摔伤了胳膊。他没敢跟我说，只是闷闷地回到教室。后来其他孩子告诉了我，我到教室去问他，他不敢和我对视，只是低着头。我问他痛不痛，他先摇了摇头，又点了点头，然后右手按着左手，没哭。其实当时我的心里也挺不是滋味：一方面是翱宇受了伤，我和陶子却不在场，没有保护好他；另一方面是很伤心，尽管小孩调皮是天性，可是由于翱宇的调皮，两只鸟被活生生地摔死了。后来我给翱宇涂了些云南白药，告诉他爬树很危险，以后不要再轻易爬树了，并让他在桌子上趴着午休了一会。开班会的时候，我在黑板上写了四个字——"敬畏生命"，并告诉他们，要对自己的生命负责，以及要对他人的生命给予尊重，我们要学会敬畏生命。那一节班会，孩子们第一次听得这么认真，我想可能是我第一次这么严肃，也可能是他们这一次真的听懂了吧。我知道，翱宇是听懂了的。我讲完后，翱宇低下头，没哭。第二天，他送了我一幅画，上面写着"敬畏生命"。

后来，我教他们《感恩的心》这篇文章的时候，他也学得格外认真。翱宇安分了很多，尽管课堂上还是喜欢站着举手抢话，但是再也没有去爬树，也没有和其他小朋友打架了。

这一刻，我懂了，原来心的距离很远，也很近。互不相识的两个人，两颗心就在两条平行轨道上；相识不相知的两个人，两颗心就隔着一面翻不过的墙；相识、相知、相通的人，两颗心就是一条线的两头，彼此有了感应，慢慢越靠越近。这就是两颗心最近、也是最美的距离。

教室外，阳光遍洒，把外面的一切都照亮了。看着孩子们乐呵呵的笑脸，还有抓着你的胳膊问你一些问题后腼腆的笑容，我感觉自己的世界也被照亮了。

感动往往只是瞬间，可记忆却是永恒。有时候，真不知道用怎样的言语来表达自己那瞬间的感动。

## 11. 如何拥有高质量的恋爱？

### 【案例导入】

小陈和男朋友是在大学社团里认识的，两个人都是社团干事，日常活动中的接触和交流非常多，慢慢地，两个人开始互有好感。小陈说自己原先挺害怕在大学谈恋爱的，担心会分散自己的精力，影响未来考研的计划，但男朋友对她非常体贴，每天都会给她带来快乐，小陈于是决定勇敢接受这份感情。刚开始时，两个人一起学习，一起吃饭，一起出游，充满了爱情的甜蜜，对两人的未来充满期待。但两人相恋一年后，开始因为各种小事频繁争吵。小陈觉得很痛苦，她知道双方是彼此相爱的，但又不知道如何继续这段感情。

### 【问题探讨】

随着时代的发展，大学生谈恋爱的情况越来越普遍，甚至有人说"没有恋爱经历的大学是不完整的"。在大学里，像小陈这样的恋爱情况很普遍，男女双方互相有好感，快速成为情侣，在度过一段"蜜月期"后，就会因为各种小问题产生矛盾和冲突，两人都无法妥善解决问题，恶性循环之下导致两人的关系陷入泥潭。少数人的思想和行为还会出现极端化的问题，心理和生理方面都出现严重的障碍和阴影，甚至通过自残、轻生等极端方式，达到报复对方的目的。

大部分恋爱的根源性问题，在于内在的情感需求得不到回应和满足。情感需求得不到回应和满足，并不仅仅发生在外在层面，而是更多发生在内心层面，如自己的意见没有被尊重，感受没有被体谅，心意被辜负或被误解，努力和付出不被感激，妥协让步没有被珍惜，等等。出现这样的情况很正常，因为在很多人的成长环境中，没有人去教他们怎样去表达爱，怎样去修复关系中的创伤，很多人既不会表达亲密和正面情绪，也不知道如何合理地表达自己的负面情绪。这些无法言说的感受和未被满足的情感需求，会慢慢消耗两个人的感情，以致最终使两人走向分离。如果把两个人比作两座冰山，水面上冰山露出的部分是人外在的情绪和行为表现，但是在水面下，是隐藏在激烈行为和强烈情绪后的依恋需求，而这些往往是自己和对方都很容易忽略的部分。

现实中，很少有情侣有意识、有意愿且心平气和地讨论自己的"冰山"。这是因为，一方面，我们很难觉察自己的依恋需求，觉察后清楚地传递出去也并不容易；另一方面，接收方能否听懂、能否感同身受也很重要。

雨果曾说，人生是花，而爱便是花的蜜。爱情本身是一件美好的事情，那么如何培养自己爱人的能力，谈一场高质量的恋爱，并培养一段高质量的恋爱关系呢？

首先，在认知上，必须认识到恋爱关系是一种平等的互助关系，这种平等不仅是两性关系中各种权利以及实现这些权利的条件的平等，而且是自我尊严的平等。恋爱需要双方互相支持和鼓励，而不是一方依附于另一方，失去自我的独立性。如果在恋爱关系中一方不能独立，而只是将另一方的思想、技能或物质条件等当作己方不足之处的补充甚至视为己有，那就会使自己逐渐依附于对方而失去自我和尊严。

亲密关系的发展，要经历融合、共生、独立、分离四个阶段。只有完成了独立和分离，才能建立起亲密关系的边界。真正成熟的亲密关系既需要亲密的交往，也需要分离的历练。弗洛姆在《爱的艺术》中谈道，成熟的爱，是"我爱你，所以我需要你"；不成熟的爱，是"我需要你，所以我爱你"。真正的爱，除了心动的感觉，还有责任、尊重、包容、忍耐、沟通，是接受自己和他人的独特性、差异性，是各自独立，又相互支撑。

其次，通过系统的课程学习，培养正确的爱情观。思想道德与修养课程，是对学生开展思想教育的重要阵地。很多学校会开设类似"心理健康教育""恋爱心理学"等选修课或心理健康指导课，以此来帮助学生加强对婚恋观知识的了解，如两性身心健康知识、恋爱心理健康常识及性安全常识等。

最后，除了了解基本的两性关系和恋爱常识外，很多大学生情侣会因为缺乏相处和沟通的方法和技巧，陷入无尽的争吵中。明明两个人都想好好相处，好好经营感情，但似乎总是陷入僵局，让两个人都很痛苦。其实，两个人的生活习惯、思想观点不同很正常，但真正破坏关系的，是没有真正理清根源性问题时就反复争吵。你可以问问自己：通过这样的争吵，是否争取到了自己想要的东西？或者，再退一步，你真的知道自己想要的是什么吗？这里，给大家列举几个经营恋爱关系的小方法。

一是学习觉察。举个例子，当你大发脾气后，可以冷静下来问自己：我刚刚为什么会那么生气？我生气背后的深层情绪是什么？我的情感需求是什么？在双方互动过程中，我是指责和攻击的一方，还是被攻击后用愤怒来防卫或反击的一方？到底是对方做了什么行为，或是他说了什么，又或是他的什么表情使我如此难受？试着去觉察和体会这些感觉。自我觉察，让我们可以按下暂停键和回放键，以旁观者的视角跳出来分析问题的本质。

二是学习沟通。在觉察到自己的情绪和需要的时候，可以尝试进行沟通和表达，这是借助水面上的"冰山"来让对方理解自己的需求。"表达愤怒"和"愤怒地表达"是两回事。你可以让对方了解他的哪些言行冒犯到了你，让你觉得不舒服甚至很不满，你可以不采取人身攻击的方式来表达不满，也无须迂回曲折地暗示，而是直接告诉他你的心情，以及当他知道你的心情后，你希望他如何回应你。

有研究表明：建立亲密关系最有效的方法，是和你的伴侣分享自己内心脆弱柔软的那一面。当然，如果你认为这对你来说很难做到，可以问问自己：为什么没有办法坦然地表达自己的脆弱和无助？当你发现这样做有一些困难，可以进行一些刻意练习，或者寻找一位专业的心理咨询师来帮助自己。

三是学习修复。修复的重点在于，帮助你做到心口一致地表达自己内在的感觉，用合理的方式表达和沟通问题，并对对方的反馈有所回应。当然，修复也包括事后真诚和冷静地复盘。所以，吵架本身并不可怕，可怕的是吵了架，却不知道在为自己争取什么，以及吵架后没有进行复盘，下次还会重复同样的争执，以致形成恶性循环。

## 【老师评说】

有个拥有了美好爱情的年轻人曾写下这样的诗句:

> 因为你,我愿意
> 成为一个更好的人
> 不想成为你的包袱
> 我发奋努力,只是为了想证明
> 我足以与你相配
> 就像那棵永远的木棉
> 是的,好的爱情一定是
> 彼此成就、相互成长

恋爱不应只寻求自我的满足,还要看到爱情中的责任与义务。步入校园的年轻人,若有幸遇到了彼此欣赏的另一半,双方能够在学业上互相帮助、共同进步,那么双方一定要学会珍惜,学会感恩。若感情无法再继续下去,我们也要学会放手,端正心态,正向看待自己的生活,将注意力转移到学业上来,为成为更好的自己而奋斗。

## 【学生感悟】

### "谈恋爱"这件事

文/祁秋玲(素质班第十届成员)

有人说,爱情是"浮世三千,吾爱有三,日月与卿。日为朝,月为暮,卿为朝朝暮暮",这是双眼充满了爱意的凝望;有人说,爱情是

"他朝若是同淋雪,此生也算共白头",这是一起共看初雪的约定。爱情千姿百态,我们到底应该如何看待爱情?我们可以思考以下几个问题。

第一,你为什么想谈恋爱?

很多人在谈恋爱的时候,初期都是十分甜蜜的,而到后期则会陷入鸡毛蒜皮的争吵中。我想,除了双方之间尚未磨合好外,还有一个重要的原因,是双方没有认真思考过自己为什么谈恋爱。有人仅仅因为周围的朋友都在谈恋爱,所以出于从众心理也希望拥有一段恋爱经历;有人则是觉得一个人孤独寂寞,需要另一个人来陪伴;有人则是怀有对爱情的期待,并刚好遇见特别的人,刚好想向对方分享很多事情,体验很多事物。如果是出于从众心理谈恋爱,那我想说的是,一个人的生活也很酷炫;如果是为了排解孤独而谈恋爱,那有时候朋友和家人的陪伴更能够安抚你的心灵,不必因为孤独而随意开始一段不负责任的爱情;如果是第三个原因,有刚刚好的期待、刚刚好的喜欢,那就勇敢一点,毕竟谈一场美好的恋爱是很难得的人生体验。

第二,你是否做好了谈恋爱的准备?

很多时候,看见朋友圈里分享的恋爱日常,总是会以为恋爱就是甜甜的,就像看见糖果是甜的一样。可是事实真的就是这样吗?恋爱除了甜蜜,还有争吵,除了理想,还有现实,你是否做好了为另一个人去提升自己的准备?你是否有足够的勇气为一段恋爱负责?你是否有计划迎接一个人完全地走进你的生活?如果以上你都做好了准备,那么你是值得被祝福的,如果没有,那么请再等等。

第三,你想谈什么样的恋爱?

有人说:"我的爱人她有着她独特的灵魂,非那千篇一律的皮囊。她也不总是依着我的,我们有着差异,有着各自的追求,她努力追寻她的价值,我全力奔向我的梦想,彼此共进,无问西东。"这是一种相互成就的爱情,双方相爱而彼此独立。那么你所期望的爱情是怎样的?想起房琪说过的一句话:"爱是当你望向我时,所有星光穿透我的心脏，而我赌你的枪里没有子弹。"彼此信任是爱情最美好的模样，正如养花，越用心，花开得越美丽。

但并非所有的恋爱都会有好的结果，有人曾说："请忘掉那些不合时宜的遗憾，花开会很美，但生活需要有结果的树。忘记种过的花，去爱有结果的树。"可种过的花你真的能忘记吗？那些遗憾你能忘掉吗？答案不尽然是。你也无法保证现在你爱的一定是有结果的那个人。所以一旦遇见了特别让你心动的一个人，请勇敢追求，因为爱可以让人改变。如果没有遇见那样的人，也请耐心等待。现在的我们，正值青春韶华，恋爱这门必修课终会开启，在追寻正确恋爱观的这条路上，大家都应该有自己的看法，不要为了谈恋爱而谈恋爱，而要追求彼此尊重、彼此成就的爱情。

## 12. 如何对待媒介的"青春误导"?

**【案例导入】**

小明在父母离异后,随同母亲一起生活。因为母亲工作比较忙,所以小明很多时候都是一个人在家。他在电视剧里看到了爱情的美好,为两个人不顾任何艰险也要在一起的浪漫所感动。然而,小明身边同学的恋爱经历却告诉他,爱情并不如影视剧中表现得那么美好。他不知如何对待爱情了。

此外,他在社交媒体上常常看到,人们的生活都十分精致,仿佛只有自己的日子是无聊和寒酸的。他对金钱充满了渴望,幻想着自己一旦拥有足够的金钱,就能拥有任何想要的幸福。他开始拼命兼职打工,却因此忽视了自己的学业,生活也变得越来越空虚。

**【问题探讨】**

每年夏天的毕业季,各种青春的思绪便纠缠在一起,在校园上空四处游荡。欢喜、伤感、自信、踌躇、解脱、不舍,种种感受涌上学生的心头,社交媒体、消费平台、娱乐机构也纷纷抢占时机,展开毕业季的营销攻势。每年此时,电影院都可能上映一两部青春电影,让毕业季的学子哭哭笑笑。《致我们终将逝去的青春》《同桌的你》《小时代》《栀子花开》等青春电影影响了一批又一批的大学生,他们的爱情、友情、亲情、学习、生活、就业等,都可以在电影里见到一些现实的光影。爱情是这些电影中很少缺席的部分,美好的爱情总让人心生向往,校园的爱情更是让大学生的心弦忍不住震颤。但是,有些青春电影喜欢讲述爱情的悲伤和遗憾,似乎不在爱情中遍体鳞伤就不算是真正的爱情。是的，从恋爱到婚姻的过程并不会一帆风顺，也不是所有人的爱情都能开花结果，但在这个过程中学会正确爱人，懂得如何爱人，能够以健康的心态面对爱情，能够以合理的行为表达爱情，要比沉溺在顾影自怜、感伤不已的情绪中重要得多。

更有电影喜好铺陈奢靡浪费、放任自我的生活图画，一味吹捧"白富美"或"高富帅"的单一审美标准。有的大学生就被这些电影画面所误导，为了购买名牌手包、新款手机等，甚至做出借高利贷、偷窃等铤而走险的事情，以满足自己虚假如幻影般的欲望。这些欲望的背后其实是陷阱，是荆棘，是深渊。部分大学生就是因为高额借贷、非法兼职等行为的恶性影响而无法正常学习和生活，付出了惨痛的代价。

大学阶段正是人们对爱情充满期待的时候。很多大学生都是一边看着青春电影或小说，一边学着如何与异性相处。这一时期的青年学生无法摆脱对异性交往的好奇，会进入一种既不同于友谊又不同于爱情的朦胧交往状态。这种感情体验令他们既快乐又不安，既幸福又痛苦。在体验人际交往时，学校和家庭除了要给予他们一些保护外，还要教导他们了解相关知识和学会慎独，但这些仍是远远不够的。

青年学生如何对待人际交往，在很大程度上由其所处的环境决定，这里面就包括媒体所创造的信息环境。媒体是大学生了解这个世界的重要途径。他们在并不了解媒体的运作机制时就沉浸其中，容易模糊现实与虚拟的界限，出现价值导向的偏移。心理学家艾尔肯曾提出自我中心的两个维度——假想观众和个人神话。这两种认知心理影响着青年学生的行为。假想观众是指青少年常常觉得他人在时刻关注自己，从而过分在乎别人对自己的印象和看法，特别想要得到别人的认同，由此容易导致焦虑、敏感和不自信。个人神话则指青少年认为别人很难理解自己，自认为自己的经历很独特。在接收媒介信息时，大学生受众容易出现假想观众和个人神话并存的矛盾心理。

互联网带给人们一种全新的生活方式，这种生活方式对大学生的心理和行为产生了深远的影响。在网络平台上，大学生喜欢发布文字、图片、视频等表达个人见解，分享个人经验，并积极与他人互动，以增强自我价值感。他们在网络上交友、宣泄情绪、参与公共事件，是一支重要的舆论力量，这反过来也深刻影响了他们的生活方式。比如在网络社交中，大学生交往的亲历性减弱，"熟悉的陌生人"增多。在从匿名的网络回归坚硬的现实时，他们更容易感到恐惧和焦虑。

不难发现，离得开父母和朋友，却离不开网络或手机，已成为部分当代大学生生活的真实写照。他们把更多的时间和精力放在浏览手机屏幕上，宿舍里较少出现大家一起交心、谈心的"卧谈会"。日常交往的人情味慢慢缺失，从而导致人际情感的弱化。这对大学生的社会成长是不利的。

如今的媒体世界，在很大程度上被流量裹挟。在流量的引导下，一种快餐文化被反复地塑造出来。浸淫在这种网络文化中的大学生，容易缺少对生活的沉淀和反思，很难沉下心去做事，于是出现了在虚拟世界里热情澎湃、兴致昂扬，在现实生活中沉默寡言、颓废冷漠的现象。这种虚浮的生活方式值得我们警惕。

从本质上说，媒介只是一种工具，重要的是正确运用它。针对媒介的误导，可以从以下几个方面尝试做些改变。

一是加强思想引领。利用新媒体搭建高校素质教育平台，掌握网络思政教育主动权。以海报、校刊、校园广播、学校网站等方式进行思想宣传，合理利用网络平台优势弥补传统教育载体的不足，改变以往"磨破嘴、跑断腿"的局面，使线上教育与线下教育结合起来，因时制宜、因材施教。要经常鼓励教师使用社交网络与学生进行在线交流，加强互动，听取学生的意见和建议，满足学生不同的信息和情感需求，及时解决学生反映的问题，增强学生对教师、学校的信任感。

二是引导学生增强自控力。某项调查研究指出，部分大学生使用社交网络频率过高、时间过长，一会不聊QQ、不刷微博就感觉内心空虚。大学生要合理安排社交网络使用时间，高效利用个人时间进行学习，灵活利用琐碎时间使用社交网络。要控制每次使用社交网络的时间，或有意识地培养其他爱好以转移注意力。

三是鼓励学生参加媒体实践活动。身处网络时代的大学生，应该积极、主动地参加与媒体相关的实践活动，参观学校或者当地的广播站、电视台、网络中心等，乃至亲身参与新闻的采写、制作、发布等过程，增强对大众媒体、网络媒体的认识，从而更好地认识和使用网络。

## 【老师评说】

每代人都生活在自己独特的文化环境中。随着互联网技术的高速发展，各种网络平台使人们进入真实与虚拟交融的新环境、新时空，催生了新的社会行为和文化样式。

在享受媒体带来的多方面便利的同时，我们也应关注其带来的一些令人担忧的现象与问题。如在信息接收与处理方面，每个人都会面临巨大的"信息茧房"。海量的信息中，只能看到自己想看到的，也只会相信自己愿意相信的，从而缺乏自主认知、理性思考和独立决策的能力。

我们应当培育、提升自己的媒介素养，别让今天的盲目言行，绊倒自己的明天和未来。

## 【学生感悟】

### 互联网时代我们得到的更多，还是失去的更多

文/李成晨（素质班第九届成员）

互联网时代，我们的生活节奏变得十分迅速，所有事物都在不停地更新换代，在你还没有反应过来或者刚刚关注它们的时候，它们就已经落后了。新技术以其颠覆性的力量无情地重塑着大部分领域的旧组织、旧产业，并且以迅雷不及掩耳之势，将陈旧的生产力淘汰出市场。

在互联网时代，我们到底是得到的更多，还是失去的更多？这个问题就我而言，答案是相对的。毋庸置疑，互联网给我们的生活带来

了巨大的便利，如网络社交、网上购物、线上支付等。如今，教育和医疗也逐步向网络化发展。互联网技术打破了时间与空间的阻隔，穿透社会阶层的岩层，使所有相邻或相距遥远的人彼此面对面交流。地域、身份、财富都不再是信息传播的限制，任何人都可以在虚拟的网络世界中平等对话。

对于我们学生而言，网络上的学习资源也到处都是，似乎多到这辈子都学不完。我记得很小的时候，电脑还没有普及，自己常和一群朋友互换书籍，在阅读中寻找乐趣。我第一次接触电脑是在上小学四年级的时候，那时候还是那种超大"体格"的电脑。初二那年，家里买了一台电脑，我便开始运用电脑去学习和阅读，无论是学校要求的书籍还是当下流行的小说，我都会在上面看。同时，电脑还能搜索一些关键词，方便查阅，大大拓宽了我的知识面。

网络确实能够增强人与人之间的交流，密切人与人之间的关系。比如有些独生子女，在家比较孤独，在学校也比较内向，在现实世界中面临着较大的交往压力，但网络给予了他们一个崭新的社交空间和相对宽松的社交环境。

不过随着互联网发展得越来越迅速，它也给我们带来了许多严峻的挑战：网络诈骗随之而来，并且愈发高明和猖獗；网络舆论的发酵愈发迅速，让人难以辨别真相；那些无法掌握互联网时代生活技巧的"数字难民"正成为现实世界中孤独的群体；生活在互联网时代的年轻一代，在眼花缭乱的虚拟世界中迷失自我，逃避现实世界。因此，我们应该善于做互联网的主人，借助互联网体验和延展真实世界，使其为我们所用，而不是成为互联网的奴隶，被互联网的花花世界迷了眼！

## 二　社会担当

## 13. 社会实践价值几何？

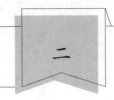
【案例导入】

在放假前的最后一次班会上，辅导员宣读了关于开展全国大学生暑期文化科技卫生"三下乡"社会实践活动的通知，要求同学们利用假期参与社会实践。同学们在台下议论纷纷，有的同学小声嘀咕："暑假这么热，我哪也不想去。放假了还让我们出去做事，又不像兼职打工还有钱赚。"另一位同学说："这种社会实践有什么意义，都是一些虚的，学也学不到什么，别人还不待见我们。"还有同学已经开始兴奋地讨论暑假可以结伴去哪里旅游，再顺路完成社会实践的要求。这时，一个同学举手提问："必须要参加社会实践吗？参加了有什么好处吗？"

【问题探讨】

在学校学习的知识，常常让学生觉得距离真实世界很远，以至于学生常常会有"为什么学"的困惑。好的学校教育，可能会规定从高中起，学生每年必须参加一定时长的志愿者活动。高中毕业后，学生先到社区服务一年，为社会做些事，同时学校鼓励他们去看世界，用自己的方式，思考生命，寻找意义。这是有关意义和愿景的教育，可以培养学生的社会责任感。

人是社会的产物，无论是知识学习，还是能力提升，都是为以后步入社会做准备。"读万卷书，行万里路"，说的就是要理论与实际相结合，做到知行合一。

青少年社会实践活动的积极意义主要有以下几点。

第一，社会实践活动给学生打开了一扇通向社会生活的大门，有利于他们全面接触、了解社会，增强社会责任感和使命感。

第二，在实践中不断动手、动脑、动嘴，直接和社会各阶层、各部门的人打交道，可以培养和锻炼多种能力，有利于提高解决实际问题的能力。

第三，有利于培养问题意识，激发探究精神和创新能力。俗话说，发明千千万，起点是一问。应培养青少年遇到问题时主动质疑、积极探究的精神，让他们敢问、爱问、善问。

第四，有利于培养良好的品质，使青少年懂得吃苦耐劳，懂得真诚交往，懂得彼此关爱。

第五，社会实践中亲身所见、所闻、所感、所思、所悟，都有可能对未来职业选择和事业发展产生潜在的影响。

每个人终究要走上社会，去工作去历练。社会实践从某种程度上来说，就是校园和社会之间的一座桥梁。那如何拥有一个好的社会实践经历，让我们的大学生活更加充实有意义呢？以下几点，也许可以借鉴。

首先，要正确认识知识学习与社会实践的关系。社会实践是课堂教育的延伸，是知识的运用，也是对知识的检验。而知识是能力的基础和前提，为实践提供理论先导和智力支持。因此，不能因为社会实践而放松知识学习。在此前提下，再来看如何做好社会实践。总体上应该遵循六个原则：保障安全，体现价值，力所能及，学以致用，志愿服务，符合兴趣。

具体而言，首先要确立好社会实践的主题，聚焦社会关注的热点问题，比如留守儿童、环境保护、扶贫助困等，这样实践活动能更加贴近社会当前的实际需求，有助于解决现实存在的问题。同时，积极发挥所学专业优势和个人特长，这样有助于保障社会实践的实效。

其次是做好各方面的充分准备。应制订一份详细的计划，列出活动的目标、内容、步骤等，还要建立活动组织。虽然有人喜欢单独行动，但根据社会实践的目标和意义组建团队开展活动是必要的，应事先明确团队内部的分工与协作。准备过程中，还要尽可能细致地考虑相关因素，如社会关系和气候环境等特点。比如参观企业，需要得到参观单位的支持；走访留守老人，需要较强的沟通能力；从事农业劳动，要具备一定的劳动技能；援助贫困学生，要了解他们的生活习惯和状况，等等。

再次是要深入开展、真正落实。确定了一个对社会、对自己都有意义的活动主题，就要持续做下去。只有在长期、扎实的实践过程中，才能不断发现问题并找到解决问题的办法，才可能实现创新的螺旋式发展。要扎根大地，实现以大地为教材的教育；要深入人民，将以人民为中心的理念根植在心。不能蜻蜓点水、浅尝辄止，更不能摆形式、走过场。世界上就怕"认真"二字，只有你认真了，才有真正的收获，才能赢得各方面的理解和支持。

最后就是要确保活动安全，这是做好社会实践活动的前提。

大自然是我们最生动的教材，社会是一个大舞台，参加社会实践是青少年成长、成才的重要途径之一。如果不走出象牙塔，走向大自然，走向社会，那些枯燥的概念、呆板的面孔和陈旧的知识，就会堵塞我们活泼的心灵。

## 【老师评说】

一百多年前，青年毛泽东在湖南第一师范求学期间，利用暑假与好友萧子升以游学的方式游历了湖南五县。在农村漫游过程中，青年毛泽东接触了社会各个阶层，包括县太爷、翰林、方丈等社会上层，店铺老板、富裕农民、衙门捕快、文书师爷等社会中层,还有贩夫走卒、引车卖浆者等社会下层。这些社会调查所形成的结果,帮助他深入了解了当时的中国国情,也成为他日后领导广大群众开展中国革命建设的重要基础。

　　一百多年过去了,今天的大学生们,还有必要进行社会实践吗?答案是肯定的。而对于素质班的学生而言,社会实践的重要性更是不言而喻的。素质班20条培养方案中第17条就明确规定:"每学年进行一次社会调查,写出不少于三千字的调查报告。走向社会,了解社会,研究社会,将所学知识回报社会。"仅仅是每年暑期赴贵州和湖北巴东支教的活动,素质班同学就完成了很多优秀的社会调查报告。这些写在大地上的论文,就是面向"生活"与"实践"的最生动的教育结晶。

【学生感悟】

## 难忘的社会调研

文/方小娜(素质班第二届成员)

　　暑期,我参加了由素质班组织的社会实践活动,调研课题为"丹江口市六里坪镇油坊坪村柑橘种植及生活状况调查"。

　　此次出行,我们做了充足的准备。先是聚在一起讨论调研地点和调研课题;接着在四十多名同学中筛选二十名进行集中培训,主要是进行实践理论知识的学习和体能训练;最后再从中选出十六名同学组成调研队伍。大家都在拼尽全力,为过五关斩六将而来。

　　回想这段调研的日子,我感觉每天都在扮演不同的角色,学到了不同的新知识。

　　调研地点所在村对我们这次出行十分重视,给我们安排了最好的条件,并没有让我们吃多少苦。初到六里坪镇,给我的感觉是来到了一个山清水秀的世外桃源。沿着盘山公路而上,林木郁郁葱葱,泉水叮叮咚咚，弯着腰的农民正在地里耕作。我好久没有与土地这么亲密地接触过了，泥土芬芳的气息又从记忆里扑面而来。

经过几天的调查，我们了解到如下一些情况：(1) 该地农民种植柑橘的土地并不多，多数家庭只在十亩左右；(2) 政府在病虫害防治方面发挥了积极作用，大家对政府开展的整治大实蝇工作十分赞许；(3) 橘农一般采用剪枝、嫁接、套种等方式提高单产量，重视与他人交流种植经验；(4) 每户家庭都有几个子女，大部分子女接受完初中教育后在外打工；(5) 通村公路在去年修好，为当地柑橘的销售开辟了新通道；(6) 山中住户都已经通水通电，不过自来水收费较贵，有的家庭直接抽井水用；(7) 农民的业余生活较单调，一般只是看看电视；(8) 该村公共账户还不够完善，2006年以前的收支采取的是流水账的形式，不够规范。

在走访过程中，我看见许多在学校不曾见识的场景，接触了书本上没有读到过的知识。我们要做的，就是将那些处在贫困边缘的村民们拉到致富的道路中来。有的村民十分赞同我们的行为，将他们的难处告诉我们，希望我们能够帮忙解决。但当村民拉着我们谈论自己对未来生活的希望时，我发现自己的力量在现实面前太弱小了，生怕自己最后什么都改变不了，辜负了他们对我的期望。

调研时间是短暂的，但收获是巨大的。我真正体会到什么是团队精神与团队力量，没有队友的鼓励，我想自己一个人是很难坚持下来的。我没有喊苦喊累，学会了沉着冷静地去面对眼前的任务，勇敢地迈出了步伐与人进行沟通和交流。在这次活动中，同学们都在发挥自己的作用，使团队任务得以如期圆满完成。但这次活动也有不足之处，下面我做一总结。

(1) 两组之间缺乏交流，导致最后整理调查资料时工作难度加大。

(2) 团队之间交流过少，形成多头领导，有时意见分歧严重影响调研进度。

(3) 问卷设置不尽合理，导致收回的问卷中存在许多无效回答和无效问卷。

（4）安全问题没有做好。伍家沟的那一夜想必将成为许多同学一生难忘的记忆。

作为当代大学生，我这次不仅仅是参加了一次调研活动，更重要的是，我发现了自己的弱小。只有切实掌握好专业的知识，提高自身的科学水平和综合素养，才能真正成为一名有所作为的人，才不会让社会实践活动成为走马观花。但无论如何，我们按计划完成了此次调研任务，这让我们很兴奋和骄傲。这八天虽不长，但注定是我一生难忘的记忆。

## 14. 扶贫还是扶智？

### 【案例导入】

小黄来自偏远的山区，家庭比较贫困，差点因为交不上学费而弃读。入学后，她对校园生活有点不太适应，既不知道如何融入同学之间的小圈子，还因为不勤换衣服等生活上的习惯而与室友发生矛盾。在辅导员的协调下，小黄与室友和其他学生之间的交流多了起来，彼此也多了几分理解。小黄不再因为自己经济上的贫困而感到畏畏缩缩，更愿意与老师和同学们交流，还加入了几个社团。在进入大学以前，她从没有见过图书馆，也从来没有想过有这么多书可以供她翻阅。她现在常常去图书馆看书。

### 【问题探讨】

甘肃定西一毕业生魏祥，身患先天性脊柱裂、椎管内囊肿，出生后双下肢运动功能丧失，更不幸的是父亲早逝，只有母亲陪着他一路求学。身体和经济的困苦并未压垮他，2017 年，他在高考中取得 648 分的好成绩。他写信给清华大学，希望学校能给他们母子俩提供一间陋宿。清华大学招生办公室则专门发出致魏祥的公开信——《人生实苦，但请你足够相信》。信中表示，不幸的人生，各有各的悲苦，"但万幸的是，你在经历疾病和丧亲之痛后，依然选择了坚强和努力，活成了让我们都尊敬和崇拜的样子"。

魏祥的成长故事不只是一种个人叙事，更是一种社会叙事，它关乎我们每一个人。无论是不是"读书的料"，如果读者能从文字中收获理解，在心灵上产生共鸣，那么这些故事的流传，便有了最好的归宿。"人穷最怕志短"，更有老话说"人穷穷一时，志短穷一世"。生活中，我们也会时而见到一些学生存在"志短""智短""等靠要"等表现,更有甚者用申请来的奖助学金进行高消费,他们经济上脱贫了,精神上却贫困了。

2021年2月,习近平总书记指出,全国9899万农村贫困人口全部脱贫,我国脱贫攻坚战取得了全面胜利。在这样的新形势下,脱贫摘帽不是终点,而是新生活、新奋斗的起点,巩固脱贫攻坚成果、推进乡村振兴、解决发展不平衡不充分的问题,是当前及今后脱贫致富工作的主要方向。高校立身之本,在于立德树人,高校肩负着培养社会主义事业建设者和接班人的重大责任。高校资助工作是国家脱贫工作的重要组成部分,而仅仅开展经济上的扶贫是远远不够的,如何通过高质量的资助来实现大学生真正的脱贫,为国家输送更多优秀人才,解决贫困生的实际需求,促进他们在未来发展道路上走得更远,是高校资助育人体系上应当做出的探索。

家庭经济困难不是学生的错,但如何面对因此产生的心理问题却需要智慧。同一个宿舍,有的学生一身名牌,吃穿不愁,有的勤俭节约,靠着课余时间兼职赚取生活费,甚至还要补贴家用。经济上的悬殊差距容易让贫困学生产生自惭形秽之感,愈加不愿主动与人交往,久而久之容易产生自卑心理。同时,经济上的困难也会使他们在学习、生活、就业等方面面临较大的压力,时常为自己的出路和前途感到担忧。许多困难家庭的学生认为人际交往对于他们来说是一种负担,更愿意一个人待着。

在传统观念里,由于不同性别角色的社会支持度不同,性别差异也容易导致心理压力的不同。家庭经济困难的学生群体中男性承受的心理压力远远小于女性。在人际交往中,女性交际范围相对狭窄,遇到困难很少向他人或社会求助,因此抑郁情绪也更为明显。从专业来看,文学类和艺术类专业的贫困生心理健康总体水平比经济类、管理学类等专业的贫困生要低。他们不仅学费更高昂,而且从毕业之后的就业形势来看,更容易面对"毕业即失业"的窘境,经常会产生迷茫感、退缩感。从年级分布来看,大一贫困生心理健康总体水平最低,在经历高考的洗礼后,初来乍到,各方面的适应性容易出现问题。

马斯洛的需求层次理论认为,人的基本需求由低到高依次为生理需求、安全需求、归属感与爱的需求、尊重需求和自我实现的需求。当低层次的需求获得满足时，高层次的需求就凸显出来。在帮助贫困生实现真脱贫前，要问这样几个问题：贫困生最主要的困难是什么？有哪些指标能证明他们最需要的是什么维度的资助？怎样开展帮扶？做好贫困生的帮扶，是教育公平的重要体现。教育公平理论指出，在入学源头上、教育过程中、教学产出结果上要做到教育机会均等，教育公平是公平的重要内容，公平是社会健康发展的根本保证，更是家国理想的永恒追求。

第一，扶贫先扶志。"扶志"，就是扶思想、扶观念、扶信心，树立起摆脱贫困的斗志和勇气，克服"安贫乐道"的懈怠观念。第一，可以开展形式多样、内容丰富的心理健康教育活动，了解贫困生心理变化的发展规律，掌握其调适心理和消除心理障碍的有效方法。在解决实际困难的同时，使他们能正确区分经济贫困和精神贫困，正视困难，激发奋斗的勇气与决心。第二，激励贫困生将个人职业发展与实现个人价值相结合，鼓励他们主动到基层就业和尝试自主创业，通过磨砺来理解并认同个人价值与社会价值相统一的观念。无论在什么岗位就业，只要做到坚持不懈、不断学习，都能增长才干，得到发展，从而发展自我、感恩社会、报效国家。此外，还要重点关注女性、就业形势前景欠佳专业、低年级等群体的心理健康水平，帮助他们树立正确的自我认知，重点培养抗挫折能力、情绪管理能力和增强自我效能感，同时注意防止贫困生心理脱贫后又再次返贫，建立"宿舍—班级—二级学院—大学生心理中心"四级联动心理扶贫体系，连同学校其他相关部门做好经济扶贫、学业扶贫、就业扶贫等工作，为贫困生搭建对接平台，最大程度提供良好的社会支持，巩固心理脱贫效果，形成高效精准扶贫工作的大格局。

其次，扶贫必扶智。"扶智"就是扶知识、扶技术、扶思路。如果贫困生仅仅满足于经济资助而没有在知识、技术、思路上有进步，就会仍然处于知识匮乏、技能不足、素养不够的境地，甚至导致贫困的代际传递。第一，可以树立优秀贫困生典型。通过开展一系列表彰活动，在校园内树立优秀贫困生典型，特别是那些学业成绩优秀、积极参加各类活动，自强不息、乐观积极的贫困生。通过开展向他们学习的活动，让贫困生也有榜样可学。其次，引导贫困生正确认识自我，做好贫困生成长成才指导工作。

帮助贫困生结合自身情况制订切身可行的职业生涯发展规划,纠正他们的一些非理性预期;鼓励贫困生充分发掘自身资源,客观分析自己的优势与劣势,创造各种机会锻炼自己,提高综合素质;对贫困生升学、就业给予细致指导,加强就业观念、就业技巧和社会适应方面的指导;纠正部分学生"等靠要"的错误观念,鼓励他们通过努力来实现自己的人生目标。

## 【老师评说】

　　一个人的成长,是价值塑造、品格养成与能力提升的协同进步。比起金钱的匮乏,思想的短板、精神的贫瘠、胸怀的狭隘、人格的缺失才是更可悲的。所以说,扶贫必扶智,扶贫先扶智。孟子云"贫贱不能移",人是要有一点精神的。智随志走,志以智强。志智双扶,才能激发活力,形成合力,从根本上铲除滋生贫穷的土壤,生长出自立自强、勤劳致富的花朵。

　　素质班的同学也有很多来自不富裕的普通家庭,其中不乏怨天尤人的声音。然而,通过不断地参与社会生活实践,走进大山深处,走近留守儿童、留守老人,素质班的同学少了抱怨,多了理解;少了浮躁愤懑,多了埋头苦干;少了以自我为中心,多了对他人与社会的关注。这种成长,是落地生根的,平凡但充满向上的力量。

## 【学生感悟】

### 支教:让梦远航,志在四方

文/郭彦(素质班第三届成员)

　　我们此次支教去的是喻同学家。一台不能播放的彩色电视机,一个柜子,一张床,一张破旧的沙发,几张板凳,就是一个家。老屋的厨房已经通水,用的仍旧是大锅加柴火,几十个土豆下锅,不久就成了一盘烧土豆和一大碗土豆汤。这便是我们的午餐。小猪说,原来土豆也能这么美味啊!来到黔东南畲族小村庄,就不得不说这里的饮食。这里很少有炒菜,食材几乎都是用煮的。一口锅,一碗辣椒酱,就成就了农家的一顿饭。不过这里的辣椒酱和武汉的可不一样,武汉的辣椒酱是麻辣味,入口即辣得五脏六腑都拧在一起,而这里的辣椒酱是香辣味,所有的味道都集中在口腔里,香味经久不散,别有一番风味。

喻同学带我们去山上摘李子、梨子和黄瓜。他父亲说,他是一个特别乖的孩子,知道家里负担重,经常帮忙做农活,还会自制木质工艺品给弟弟玩。但他在学校很顽皮,上课爱找碴儿,经常带动全班起哄,听讲也不认真,爱做一些小动作。我问喻同学未来的打算。他说,要是读书读得好,就去大城市,把父母都接过去,不让他们太累;要是读书不好,就去打工赚钱,然后去凯里买房子,给父母住。一切都指向回报父母!

穷人的孩子早当家。他们放学回家除了做作业,还要放牛、喂猪、洗衣服、做饭,生活让他们承担了太多本不该他们这个年龄段承受的重担。但这就是大山深处的事实!贫穷,让他们不得不承担这一切,他们无心欣赏黛青的群山,他们厌倦了山雨丛林。对他们而言,走出大山、看见世界的渴望要比留在这里强烈得多。他们的父母也都坚定地支持着他们。

这次去喻同学家里看看,对我们来说有很重要的意义。因为从这以后,喻同学在学校乖多了,虽然仍旧淘气,但已经没有了以前的胡闹,学习态度也好得多。我们走的时候,这个小男孩偷偷地哭了,他说,从来没有谁那么关心过他。我们真的很希望,因为我们的存在,能带给他一些改变,给他一个梦想。

## 15. 见义勇为还是见义智为?

### 【案例导入】

当你在公交车上发现有小偷正在偷窃乘客的财物时,当你在公共场所遇到歹徒伤害无辜时,当你发现有人落水在挣扎求救时……你是会踌躇不前还是会挺身而出,抑或拨打报警电话?2004年11月,呼和浩特市一职业中专学生在上学途中,为营救一名被歹徒持刀挟持的女学生,主动站出来阻止歹徒,在与歹徒搏斗的过程中不幸牺牲。社会各界对他的死亡感到无限惋惜,但也都由衷地对这位学生英雄感到钦佩。面对危险,我们该如何作为?这是身处公共生活中的我们必须思考的问题。一些人表现出了矛盾的心态:一方面认为社会需要见义勇为的孤勇者,另一方面又认为贸然挺身而出可能"不值得"。

### 【问题探讨】

"见义勇为"这个词,最早出自《论语·为政》。孔子说:"见义不为,无勇也。"因此,我们首先要理解什么是"义"。"义"是中华文化中很早就有的一种观念,有着广泛和深远的意义。我们常说的道义,其中的义指天下合宜之理,道指天下通行之路。简单来说,义的意思是公正、合理而应当做的事情,见义而行、见义勇为是我们中华民族的传统美德,它从认识和行为等层面维护着真善美的社会价值。青少年见义勇为最重要的意义在于,这体现了青少年对生命的价值有了更深刻的认识。正如俄国著名作家高尔基所说,世界上只有两种生活方式:腐烂和燃烧。胆小如鼠、贪得无厌之徒选择前者;见义勇为、慷慨无私之士选择后者。

见义勇为的品质需要从小培养，因为知道何为义是为人的基本责任和立身之本，人们需要对正义有所敬畏和执着。青少年见义勇为，无疑是值得赞赏的。但是，如何更好地做到知行合一，则需要从教育与人性的角度出发，更科学合理地看待并加以引导。

见义勇为并非不顾一切后果地盲目行动，而是有条件、有限制、有范围的，并非适合所有人、所有环境、所有事件。如果无视客观条件，将见义勇为置于道德高地，反而会形成畸形的价值观，让见义勇为成为生命不可承受之重。超出个人能力之外的见义勇为，不能提倡，也不应该提倡。这并不是抹杀见义勇为的积极意义，而是为了更好地见义而为，这一点在相关法律上已经有所体现。

有人可能会批评，这不是告诉青少年见义不为、袖手旁观吗？其实不然，孟子说人人都有不忍人之心，这是我们古老文化中性善论的根基，我们并不是要压抑这种天性，而是鼓励青少年在认识何为义的基础上，除了有勇气去行动，还要有成效地去行动。见义勇为不是自我陶醉于救人于危难的义举，不考虑后果盲目上阵，而是需要有智慧、有谋略地去解决不义之事。所谓"无谋之勇，非真勇也"。

青少年的体力、智力、经验都有所不足，遇到事情容易仓促行事，再加上容易受书本和影视作品中的热血情节感染，更可能不加思考地行动。比如看到有人落水，就径直跳下去救人；看到有火灾，就直入火场；看到偷窃抢劫等恶性事件，就不顾一切往前冲锋，等等。这样不仅解除不了危险，还容易使自己受到伤害。因此，从技术层面来说，见义勇为要注重方式方法，要对危险有合理的预判，在尽可能保证自身安全的前提下，对他人施以援手。这体现的是对每一个生命的平等尊重和敬畏，对科学、合法、正当的见义勇为的鼓励和倡导，以防止不必要的损失和更多悲剧的发生。

这里与大家分享一些另一版本的见义勇为事件：某学期刚结束，有个大学一年级女生，成功救起落水同学，但这是因为她从小在海边长大，熟悉水性，并且当时的水况不太复杂。还有一位16岁少年，与同学在步行街发现有小偷行窃，但没有贸然呼叫，而是分两路追踪小偷，当看到有警察经过时立即报告。不到20秒，警察就追上男子并将其扑倒，当场搜出行窃来的女士钱包。这两个青少年用实际行动告诉我们：见义智为远比见义勇为更加有效，要求也更高。

## 【老师评说】

我们都听过司马光砸缸的故事，他并不是奋不顾身跳进缸里救人，而是利用身边的有利条件，用智慧拯救别人，同时保护了自己，这就是"见义智为"。

突发紧急情况下，见义勇为往往意味着高风险。我们没有人愿意看到英雄的背后凝结血泪，也不愿意看到英雄的家人们伤心悲戚，所以我们要见义智为，用科学、恰当的方式去帮助他人，同时保护好自己。

见义勇为是中华民族的传统美德，是一个明心见性、知行合一的过程，它闪烁着耀眼的人性之光，照亮着青少年的成长之路。

## 【学生感悟】

不为，勇为，智为

文/邹木兰（素质班第九届成员）

见义勇为是优良价值观的体现，但在实际生活中，对见义勇为的推崇是需要技巧的。尤其对于未成年学生等特殊群体来说，过度渲染见义勇为的英雄性反而容易带来不必要的悲剧。比如说，某同学为救落水朋友结果不幸溺水身亡等事件，就是我们不愿看到的，因为"救人"与"自救"都是对生命的敬畏，我们在救助他人时首先需要保证自身的个人安全。那么遇到他人处于危险困境时，我们要袖手旁观吗？显然不是，见义不为是不可取的。那么我们该采取怎样的措施呢？我们可以先看看以下事件。

"李爱龙等三名同学见义勇为的行为充分体现了当代大学生践行社会主义核心价值观的珍贵品质，特此表扬！"5月15日，一封来自武汉江夏藏龙岛派出所的表扬信送到了湖北经济学院。此前一天，该校体育经济与管理学院休闲体育专业李爱龙等同学见义勇为，成功救起一名落水女生。

14日18时左右，一名年轻女生从藏龙大桥翻过栏杆跳进汤逊湖中。大桥上路过的行人震惊于这一突发情况，纷纷向派出所报案并寻找工具援救女生。

在桥下不远处的湖北经济学院水上训练基地，李爱龙等人刚刚结束龙舟队的训练，正在码头收拾物品。抬头间，李爱龙看到藏龙大桥上人潮涌动。起初，他并没有太在意，再一看，却发现不少人正从桥上探出头向下张望。他顺着人群的目光望去，随后向身后的同学大喊："快看，那是不是个人！"

话音刚落，就有人跑来训练基地借救生圈，李爱龙也确定了有人在湖面上漂浮着。他连忙叫上另外两位同学周浩然和汪加辉。三人分工明确，李爱龙取来快艇的油箱，周浩然和汪加辉则迅速拿好救生衣和救生圈。李爱龙驾驶快艇，周浩然和汪加辉坐在快艇后排。在距离落水者较近时，他们害怕对落水者造成二次伤害，于是放缓快艇的速度，慢慢靠近。周浩然也趁机观察落水者的情况，他发现该年轻女生的眼睛还在转动，猜想落水者还有意识。由于无法预估湖水的深浅以及下水之后的突发情况，他们没有选择贸然跳入湖中，而是在落水者身边停靠快艇。周浩然拉住腿，另外两人拉着胳膊，同时发力，将落水者拉到了快艇上。

"我们本来打算给她做心肺复苏，但发现她还可以正常呼吸，就想把她带到岸边再采用海姆立克急救法，让她把呛的水吐出来。"汪加辉回忆。救起女生之后，李爱龙驾驶快艇迅速把女孩带到岸边。他们发现女孩还可以自由行动，顿时松了一口气。周浩然笑着说："我们看到湖面上的人影时很慌乱，把她救下来之后，紧绷的神经也放松了下来。"

李爱龙表示，面对"有人落水"这件事，心里只有"救起来"这个念头，他们是在能力范围内做了应该做的事。据悉，李爱龙是一名退伍学生，他们三人也都考取了救生员证。

在本次事件中，李爱龙和他的伙伴在施以救援的过程中，就很好展现出见义智为的标准做法：冷静判断，分工明确，避免造成二次伤害，根据女孩体征状况改变施救方式。三人也都考取了救生员证，具有救助他人的专业能力。

## 三　创造美好生活

## 16. 我的人生谁来主宰？

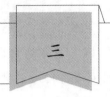【案例导入】

小丽从小到大都很听父母的话，基本都按照父母的安排来做，认真读书，在高考中考出了很好的成绩。然而在选择专业的时候，小丽与父母出现了意见分歧：父母想让小丽选择金融学专业，未来就业前景比较好，工资也很高；小丽却想从事教育行业，当一个老师。小丽的父母突然发现，自己的"乖乖女"变了，他们既欣慰又担心。一方面为女儿有自己的主见而开心，另一方面因自己的意见不再受到重视而失落，担心女儿做出错误的选择。小丽为此也很苦恼，是该听从父母的安排，还是听从自己的内心？

【问题探讨】

电影《哪吒之魔童降世》中，主角哪吒有一句经典台词："我命由我不由天。"他不认命、不妥协，克服了魔性，拯救了百姓，从一个人见人怕的混世魔王成长为顶天立地的小英雄，实现了自我的救赎。每个孩子心里，其实都住着一个哪吒。

在现实生活中，有学生这样描述自己："我真正觉得独立的那一刻，是我再也不用父母来告诉我'我的想法是什么'的时候，因为我知道自己是怎样想的。我再也不会从父母的指责及评判中去批判那个不是自己的自己，因为我已经清楚地了解自己。我会坚定地告诉他们，'我就是我，不是谁的复制品或者仿制品'。经历这样一个自我认知的过程几乎花费了整个青春，现在我终于可以轻松快乐地做那个真正的自己，真好。"

望子成龙、望女成凤是每一个父母的期盼。尤其是独生子女，更是被家庭寄予了最厚重的希望。有的父母可能从孩子上小学开始，就为孩子规划了所谓的完美人生，希望孩子按照自己的想法一步步走下去。可随着慢慢长大，许多孩子都会形成独立的意识，会有自己的想法。他们的想法可能与父母的期望存在分歧，甚至完全背离。这种处境常常使他们无比苦恼，觉得自己的人生还没亮起红灯，就先被父母实施了交通管制，表示此路不通，示意改变目标、绕道而行。

其实，父母的做法是一种"心理投射"，就是将自己内心所想投射到孩子身上，认为孩子应该像自己。他们从自己的角度、生活经验出发，影响甚至规划孩子的人生，自认为这对孩子是有益的。但他们忽视了一点，从他们的角度看到的你，可能并不是真实的你。因此，当与父母的期望出现分歧时，青少年应该坦诚地与父母沟通，学会向父母表达自己的想法，告诉他们自己的诉求，争取他们的理解和支持，然后共同讨论应该如何行事。

如果父母不支持甚至反对自己的意愿，青少年也不宜采取过激的行为，比如气急败坏地离家出走，而应该尽量争取自己的权益。因为每个人都是一个独立的个体，每个人的人生都理应由自己主宰，违背内心的选择，往往都会留下缺憾。人生最大的成功，是能以自己喜欢的方式度过。一旦选定了自己的理想和人生规划，并且是基于对自身性格特点、兴趣爱好、潜能优势等的综合分析之后确定的人生目标，青少年就可以坚定地告诉父母："我有能力和权利去选择自己的人生，并且为此负责。"

但自主选择不等于自由选择,不是为所欲为,它意味着重大的责任。人不可能脱离与他人的关系而存在,一个独立自主的人,应能够很好地把握依恋与独立的关系,并随着个人的发展而调节二者的关系。自主选择既是对自己负责,也是对他人负责。有一则新闻说道,某市 8 名高考生放弃北大、清华的入学资格,选择了他们认为更适合自己的学校,有的是因为偏爱数学而选择了目标大学的数学专业,有的是不想上清华大学读一个自己不喜欢的专业。他们都有自己的想法,并且是经过深思熟虑的,学校校长也表示理解,并且告诫大众是时候转换思考方式了。他说:"高中生已经有了生涯规划意识,对于他们将要从事的职业有着冷静的思考和坚定的追求。这本身就是一件值得学校骄傲和自豪的事。"

也许,有些青少年会说,我也不清楚该做怎样的自己,那就努力成为我喜欢的人的样子。然而,值得注意的是,青少年正处于世界观、人生观、价值观的形成期,自主能力还比较弱,在这个阶段极易受到外界因素的影响。有些孩子可能会选择自己喜欢的偶像作为榜样,激励自己。但是,向偶像学习,不是学习偶像的一言一行,亦步亦趋,那样只会东施效颦,甚至迷失自我。学习偶像,应该透过他的人生,领悟他的智慧,让偶像的正能量带给自己力量。

## 【老师评说】

这段时间,"重新养自己"的话题在各大社交平台上被热议。确实,在打压式教育、"扫兴式父母"影响下成长的小孩,很多都有习惯讨好、自卑敏感等情绪问题。而随着年龄的增长,他们见过的人、经历过的事、看到的信息,都如同巨浪一般充实着他们原本的成长体系,让他们不再被单一的成败评价体系所裹挟,不再局限于父母的生活和事业提供的模板,开始有了重新寻找自己的勇气,也渐渐明白"人生不止一条路"。

相比父辈,他们更清楚内心的真正需求并敢于实践,从而寻找个体的独立性和新的生活空间。从写申请书加入素质班的那一刻起,素质班人就一直在强调一个词:自主力。大家要形成"自己主宰自己的大学生活"这一意识，去认识自己，了解自己的兴趣和专长，进而不断明晰自己未来的目标与方向。

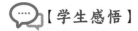【学生感悟】

## 谁最重要？

文/肖玲（素质班第一届成员）

前几天，一个一直非常关心素质班成长的同学给我来短信说："我要正式地问你一个问题：你是在宋老师那得到的提升多，还是从'二十条'里得到的提高多？"我当时觉得有点滑稽。但是他又说，这个问题大家都很关心。我这才意识到需要正视这个问题。

我之前就曾耳闻，有的同学会拿我们这一届素质班与他们那一届素质班比。现在的素质班有160多人，相比以前增加了三倍，那它的管理还能像以前那样井然有序吗？有人甚至会想，人变多后，每周与宋老师的接触就变少了，那还能像之前的素质班成员一样优秀吗？面对这些质疑，我想也许的确需要与大家做一个探索性的交流。我的回答也许有点取巧，却是我认为最精确的答案：宋老师和"二十条"都是重要的，但是最重要的，是你自己！

我踏入社会以后，生活并不是一帆风顺的，甚至有几次不太愉快的工作经历，周围也不再有那么多的鲜花和掌声。现在，我终于排除了各种障碍，进入了大学时代就想做的广告策划领域。但我又发现自己存在很多不足，既没有专业技术优势，也没有实际工作经验，既没有客户资源，也缺乏行业思维。但有一点我是坚信的，我的学习力、行动力和信念会推动我继续在这个领域深耕，只要我低下头一切从零开始，只要给我时间，我一定会做好，我愿意去挑战自己。而支持我勇敢迎接这一挑战的，就是当时与素质班的师生走过风风雨雨的回忆，那些付出后得到收获的喜悦感和成就感。所以，我想说，即使宋老师再神圣，即使"二十条"再有魔力，但这些经历无法转化为内心的能量，那么一切也是徒然。

今天早上，我和几位同学花了几天的生活费，打车去对外经贸大学听一位知名投资博士的讲座。我们到现场时，讲座才开始一会儿。后来才知道，一分钟也不该错过，这次打车的钱也花得很值。讲座中途，他说出了一个令人茅塞顿开的社会哲理：除非你有远大的抱负和理想，不然总会陷入斤斤计较、小肚鸡肠、鸡毛蒜皮的困扰之中，而不是想象中的过点平平淡淡的日子。他的讲座不仅专业严谨，而且立意高远，新见迭出，让人如沐春风。我禁不住感叹：当他的学生真幸福啊。同时，我也立刻想起了我的团队，我的老师，还有那些让我经常心潮澎湃的大学生活。

因为工作和生活不是特别稳定，我有点疏忽了与大家的联系，但是我深深地明白，我的精气神来自哪里。有时候，我会回忆起宋老师与我们聊天时的憧憬：也许会有一天，素质班的成员出现在华夏大地上的每个角落，过着建设性的奉献生活。那该是多么壮观，将可以做多少有益于生活和社会的事情。这时，我就会告诉自己，路还很远，需要做的事情还很多，只能坚持，不能后退，甚至不能慢，因为慢也会后退。

## 17. 怎样做到平凡而不平庸？

### 【案例导入】

小美从小就成绩优异，高中在当地最好的省重点学校就读，成绩在班上遥遥领先。可是刚进大学，她发现周围的同学学习成绩都很好，而且多才多艺，在学校的各类活动中都能大放光彩，而自己在人群中却显得平凡无奇。这让小美有点失落，她变得自卑和焦虑起来，对很多事情都失去了兴趣。她觉得现在学习的内容比高中难多了，经常在课堂上听不懂，甚至一度想逃避上课；也不想接触和结交新的朋友，室友邀请她一起去聚餐，她都找理由拒绝了；入学时参加的社团，最后也慢慢退出了。小美觉得一切都变得没有意思。当同班同学在课堂上做出了非常完美的展示时，当室友在社团排练的节目取得了很好的成绩时，她就更加失落了。她羡慕同学们，可是又成不了他们。她想融入他们，但每当想向前迈出一步的时候，内心就马上变得忐忑不安，觉得自己会做不好。她一个人去自习室，却常常不能专注学习，眼睛停在书本上，脑子却一片空白。小美觉得内心情绪很复杂，仿佛在悬崖边飘摇，甚至产生了退学的念头，但是又没有勇气真的这么做。她在情绪的泥潭里挣扎着，生活却没有任何改变。

### 【问题探讨】

在高校里，尤其是一些顶尖名校里，像小美这样的案例时有发生。每年都有很多新生因为在新环境里丧失了曾经的优势而感到无所适从，找寻不到前进的方向和动力。大学是一个人才会聚的地方，考进同一所大学的学生在学习成绩方面具有较强的同质性。曾经师生眼中品学兼优的佼佼者，到了大学，头上的"光环"被渐渐退散，理想自我和现实自我之间开始出现鸿沟，难免会产生较大的心理落差，过去的自信和优越感遂被自卑和焦虑的情绪取代。

与之类似，临近毕业时，大学生的就业期望也比较高。因为拥有较高的学历，很多大学生在求职过程中，摆脱不了身上的"光环"，只把目光聚焦在一线城市，定位于少数优质的单位，并要求获得较高的待遇。一旦没有实现自己的期望，就容易陷入焦虑中，或者选择不就业，或者选择频繁跳槽。

心理学中有个概念叫相对剥夺感，它很适合解释上述两个现象。相对剥夺感来源于社会比较过程，当我们跟周围人或过去的自己就某一方面进行比较时，一旦意识到当前自己处于劣势地位，就容易认为本属于自己的东西被剥夺了，进而出现愤懑、嫉妒、焦虑、抑郁等心理状态。当一名大学生产生相对剥夺感时，就会对学习、工作和生活感到不满，开始逃避现实。

大学生希望自己变得更加优秀，但接受不了自己的平凡。这是再正常不过的现象。青年人就是浑身上下散发出不服输的劲头，比任何一个阶段的人都渴望成功，期盼能成就属于自己的未来。与此同时，家庭和社会一直都在教育年轻人如何获得成功与变得卓越，可是从来没有人教他们如何接受自己的平凡。传统的价值观似乎在无形中告诉青年人，成功意味着光荣与骄傲，而平凡意味着羞愧与自卑。

然而，人所处的环境不可能保持一成不变，人生状态也有高潮和低谷之分。正如世间不会总是充满阳光，人生也没有永恒的辉煌。对于多数人而言，怎样去看待自身从优秀到平凡的转变，怎样去经营好平凡状态中的生活，反而是更重要的。要学会卸下身上的光环，努力做更好的自己。

首先，可以思考下身份的转变。身份转变往往与环境的变化相关联，大学里集聚着更多的人才，因此，进入大学，要想继续跻身佼佼者行列，本身就并非易事。归于平凡可能并非自身的问题，而是环境使然，我们完全可以坦然接受。能接受平凡，本身就是一件不平凡的事。

其次，正确看待并珍惜平凡的生活。正如有人所说的，人世间的一切不平凡，最后都要回归平凡，都要用平凡生活的尺度来衡量其价值。伟大、精彩、成功都不算什么，只有把平凡生活真正过好，人生才是圆满。我们可能未曾意识到，平凡才是大多数人的状态。生活中，真正优秀和失败的人可能都只有百分之五，剩下百分之九十的人都是平凡的普通人。我们从小就听过，不想当将军的士兵不是好士兵。可是，一个部队里只有一个元帅，少数是将军，更多的是士兵。对于大多数士兵来说，承担好自己的士兵职责就是不平凡的了。人生本身就是持续和平凡做斗争并最终回归平凡的过程，所谓的成功，不过是打破了平时的平庸状态而已。在平凡之中，没了名利的干扰，少了身上的包袱，我们的内心可以更加平静，状态更加放松，步伐更加轻盈。我们可以在内心的安定中体验生活的美好，思考着如何去继续创造美好的生活。

再次，可以接受平凡，但拒绝平庸。平凡的人如同机器上的一颗螺丝钉，虽不起眼但发挥着自己的一分作用；而平庸的人却如同一颗废弃的螺丝钉，无心也无力参与机器的运转。平凡不可怕，没经历过奋斗便甘于平庸才可怕。在疫情期间，除了白衣天使、人民子弟兵这些最美"逆行者"之外，快递小哥、网约车司机、社区基层工作者等平凡的人，也给我们带来了很多感动。他们也许不是世界的主角，但是这并不妨碍他们认真地活着。正如鲁迅先生所说："能做事的做事，能发声的发声。有一分热，发一分光，就令萤火一般，也可以在黑暗里发一点光，不必等候炬火。"平凡的人也可以活得不平凡，平凡的人也可以很伟大。

最后，寻找自己擅长的领域，并努力发展自己的特长。心理学中的多元智力理论指出，智力不是一种能力而是一组能力，并将人的智力分为八种，指出每个人都有自己的优势智力领域。随着全面的、多元化的教育理念的提出，学校育人氛围越来越重视人的全面发展，学校也给学生提供了锻炼多种能力的机会。当我们因变得平凡而失落时，不妨先让自己安静下来，尝试着进行自我分析、自我评价和自我定位。我们可以思考下，自己曾经因为什么而优秀，那些优秀的领域是否真正是我们所擅长的，然后调整自己的认知，多去接触新的事物，从而发现自己更加擅长的领域。比如，很多学生在高中阶段没有机会参与或组织各类活动，但在大学加入学生社团组织后，发现自己有很强的人际交往能力和组织协调能力，进而找寻到了自己的闪光点并朝着新的发展方向前进。正如松下幸之助曾说的，我们不必羡慕他人的才能，也不须悲叹自己的平凡，各人都有他的个性魅力，最重要的，就是认识自己的个性，而加以发展。

## 【老师评说】

"苔花如米小，也学牡丹开。"清代诗人袁枚的诗句深深打动了我们，即便微小如米粒一般，苔花依然像牡丹一样绽放，绽放自己微小而热烈的生命。

一个人的生活可以平凡，但不能平庸。接受平凡并不意味着放弃努力，当我们把每一步走好，用心地面对和经营生活，所谓的平凡也会熠熠闪光。

不甘平庸的人生，始于规划，成于行动，终于坚持。拥抱现实但不抛弃热血，接受平凡但不陷入平庸，这也是一种英雄主义。

## 【学生感悟】

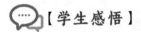

### 我不行，我试试，我愿意

文/汪敏敏（素质班第五届成员）

尊敬的老师、评委，亲爱的兄弟姐妹们：

大家下午好！我是来自第一组猎鹰队的汪敏敏。很开心今天能够站在这里分享我与素质班一同走过的半年时光。回想这段时光，我的心中更多的是充实、自信和坦然。我庆幸自己于冥冥之中遇见素质班，并成为其中的一员，追随着素质班的脚步，参与活动，经营友谊，体验生活。这一路，我在蜕变，在收获，在成长。今天我想用三个词来分享我在素质班的蜕变："我不行"，"我试试"，"我愿意"。

"我不行"。似乎从上大学后,我的记忆就已全部清零,俨然不记得初中高中时候的模样和性子,只记得每天在为中考或高考而战。然而,削尖脑袋挤进大学后,迎接我的不是所谓的美好和自由,而是一轮一轮的打击。大一刚开学时,我参加了很多场面试,学生会、辩论队等。几经拒绝后,我慢慢地缩回了自己的世界,贴上了"我不行"的标签。于是,我就真的变得不行了,生活愈加地迷茫,找不到方向。

但我始终有所不甘。我开始跟自己说:"我试试。"很幸运,就在这时,我邂逅了素质班。"二十条"、《大学记忆》……这些标志性的存在深深吸引了我,我递交了申请书,并很顺利地加入了其中。第二学期我慢慢地放开了自己,参与素质班的各项活动,体验了很多以前从未体验过的生活,精神上也更加富足,整个人也变得更主动了。

不知从何时起,我不再说"我试试"了,而是说"我愿意"。讲到这儿,你可能会觉得我有点儿自大。但别误会,我只是多了一分勇气和担当。九月初,我参加了迎新活动。两天的迎新,我走遍了学校的每一个角落,尽管脚底磨出了水泡,但是我依旧在坚持。十月,我参加了素质班的班委竞选。决赛之际,我第一次有勇气站在台上展示自己,真正地体验到自信的魅力。十一月,我与素质班人共赴两年之约,在聆听中懂得了经历的重要,收获了精神的财富。室友总说:"你干吗要参加那么多活动,这些事推给别人干就好了。"我认真地告诉她说:"我愿意。"

是的,因为愿意,我才感到内心的充实、生活的美好。我忽然间发现,主动参与和经历会让你变得更勇敢,更自信,更幸运。感谢素质班让我蜕变,伴我成长。我将继续努力,勇敢前行。

## 18. 大学生人际交往有哪些困惑？

**【案例导入】**

小张是一个性格开朗很受同学们欢迎的阳光大男孩。他和同学们都能打成一片，和老师们也能侃侃而谈，和室友的关系也都不错，但令人想不到是，看上去人缘很好的小张却一直被人际关系所困扰。

当热闹散去，一个人待着的时候，小张会觉得自己很孤独，甚至很虚伪。虽然看起来有很多朋友，与大家也都合得来，但小张其实更愿意一个人待着。不过，他觉得一个人待着太异类了，便强迫自己与同学们打成一片。虽然在人群中谈笑风生，但他总有一种附和和演戏的感觉。

相比面对面的交流，小张更喜欢在网络上社交的感觉。他喜欢在社交群里和大家互动，群里的氛围往往很热闹，大家发言积极、幽默风趣，他感到非常的自在，少了很多线下社交的拘束和压力，不用刻意去"扮演"某一个角色，还有各种各样有趣的表情包缓解聊天中的尴尬。

**【问题探讨】**

大学生人际关系困惑有以下几种典型特征。

首先是网络上的人际互动与现实中的人际互动不一样。调查发现，00后比90后花在网络上的时间更多，他们更倾向于使用社交平台进行互动交往，并且在线上的社交活跃度显著高于线下。比如，一位新手班主任反馈说，班级群里开线上班会时，同学们一个个发言都很积极，虽然有时候他们使用的是匿名，但都非常活泼幽默、妙语连珠。等到线下开班会的时候，班主任说话就没有什么人响应了，大家都在低头看手机。

其次是人际互动中的他人评价和自我评价常常不一致。就像案例中的小张，在外界的大部分人看来，他是一个"合群"的人，有很多朋友，但是他自己却很孤独，认为这样的"合群"很虚伪。当我们发现自己呈现给别人的形象和我们的真实内在不一致时，我们就容易产生对自己的不满，给自己贴上类似"虚伪""做作"的标签。

最后是人际互动中的小摩擦会产生大影响。常常听到有矛盾的学生之间会出现这样的抱怨："我帮你带过饭，为什么你就不愿意帮我带呢！""我打扫了卫生，你凭什么不打扫啊！""你今天早上去上课没有等我，我惹你了吗？"诸如此类。这些小矛盾大家平时可能不太会说出来，但是会积压在心里。等到矛盾积压到自己都不能忍受时，你才说出来，好像说完之后双方就分道扬镳了。这个积压矛盾而不言的过程会让你"脑补"很多戏，产生很多强烈的负面情绪和自我否定。

为什么会有这样的情况呢？这可能与大家的成长环境有关系。现在在校的大学生普遍成长于移动互联网大爆发的时代，对于他们而言，线上生活和线下生活同等重要，甚至线上生活扮演着更重要的角色。有的同学在线上说话很风趣，认识很多线上朋友，但是在线下经常独来独往。家长和其他长辈就可能认为这个孩子不擅长社交，整天沉迷于网络。但事实是，在线上风趣幽默且交友广泛，就意味着你是一个有趣的人，因为互联网上的人际互动也是我们真实人际关系的一部分，线上人格就是我们真实人格的组成部分。线上表现优于线下，很多时候只是因为我们在线上花的时间更多。这时，对于线下的人际互动，我们多加注意即可。

至于说别人眼中的合群和内心的孤独这一对"矛盾"，其实不是矛盾，这是我们非黑即白的认知观念所导致的错误结论，也是对健康的人际关系的误解。很多人认为和朋友们待在一起就是合群，一个人独自活动就是孤僻。因此，明明我不想和室友们一起出去吃饭，但是如果我拒绝的话，那我就是不合群，所以便强迫自己在人群中表现得很快乐。但是健康的人际关系并不要求我们时时刻刻和群体待在一起，一个人独来独往也并不意味着你就是不合群的人。这个世界是非常多元的，每个人都是带着自己多年的生活经验才成长为现在的样子的。至于孤独感，则是我们与生俱来的。

每个人都有自己的边界，我们不可能与他人毫无界限地相处，对独处的需求帮助我们维系着这个边界。这是一种自我关爱。叔本华说，只有当一个人独处的时候，他才是自由的。所以，我们没有必要因为人类普遍存在的孤独感而自我否定。

还有些学生会因为他人的一个眼神或者一句普通的话，而不自主地反复琢磨，猜想对方是不是对自己有意见。这是一种正常的心态。在大学这个阶段，学生的内心仍然很敏感，而大学生活要比小学和中学的生活复杂得多。他们会在意别人的评价，也想要获得归属感，所以常常揣度别人的无心之举，不敢说出自己的心里话，害怕说出来会破坏现有的关系或状态。但是情绪是很难藏住的，而沟通才是解决问题的法宝。

那我们应该怎样去应对这些情况呢？

首先，要认清本质，更新观念。比如，帮室友带饭的例子中，"我给你带了饭，你就必须给我带"，这话听起来没毛病，但是这句话背后隐藏着心理学家艾利斯所说的"绝对化的非理性信念"。如果把这句话改成"我爱你，你就必须爱我"，这时你就能迅速发现这句话背后的问题，这是在强求他人必须绝对地按照我们的意志行事。所以，针对这些言辞，包括"要想人际关系融洽，就必须常常和朋友们混在一起""独来独往的人都是不合群的"等错误的或过时的观点，需要保持警惕并及时调整认知。

其次，要学习有效的人际交往技巧。比如，有的同学在线上机智活泼，在线下可能稍显沉闷，这是因为线下和线上的人际互动技巧不一样，线上主要靠文字和表情包，而线下则还要依靠非语言行为：你的表情和动作，你的语气和语速，等等。如果你觉得你的表情不如表情包形象，那就多多在线下和对面站着的那个活生生的人进行练习。线上机智活泼，那么你就是机智活泼的人，只是还需要适应不同的场景而已。

最后，要积极建立支持系统，提高自我接纳的程度。人际冲突问题很多时候是不接纳自我的问题。当我们对自己都不接纳时，任何细微的负面评价都会摇动我们的自尊。一旦感觉到自尊受到损害，我们就会不自主地反击，产生强烈的负面情绪。孔子说，君子和而不同。不同的声音本来就存在，如果我们内心足够强大，自尊是稳定而强大的，不会随着外部世界的变化而摇摆，那被讽刺、被批评、被针对又有什么关系呢？这时，主动去解决问题就行，无须沉迷于自我否定以及对他人的攻击之中。所以，提高自我接纳程度能够很好地缓解人际冲突的负面影响。

## 【老师评说】

偶像剧中经常出现"便利贴女孩"这样的角色，她们总是无法拒绝别人的请求或要求，总是违背自己的心愿去迁就别人，面对他人客套的道谢，还要挤出礼貌的笑容。其实，这样的人大多过得不开心，一味取悦别人，就会使自己的底线一再被降低。这也是一种心理界限模糊不清的表现，常常会让自己处于矛盾、纠结的状态。

真正好的交往方式，是有分寸，不逾矩，这样感情才能长久。行有所止，言有所限，凡事有度，才是人与人之间最舒服的关系。

## 【学生感悟】

关于人际关系的分享

文/李阳（素质班第九届成员）

哈佛大学的心理学教授斯坦利曾经提出"六度分隔"理论，简单说，就是你和任何一个陌生人之间所间隔的人不会超过六个，即最多通过六个人，你就能够认识任何一个陌生人。通过纽带，人与人之间的距离变得非常"相近"。因此，我们可以看出人际交往的重要性，加上现代社会通信手段变得非常便捷，人与人之间的交往成本变得越来越低了。但是随着信息化和科技的迅猛发展，大学生面对面的人际交往却在逐渐"荒漠化"。随之带来的弊端也是显而易见的，比如可以深谈的朋友越来越少。

很多"社恐"的同学，倾向于借助网络与他人联系，或者通过玩游戏、刷剧、看小说来打发时间。但在跟别人面对面聊天时，不知道该说些什么，也没有动力去结交新的朋友，觉得维持关系非常累，不愿意走出房门去社交，不想费劲去展示自我。但众所周知，人是群居动物，积极的社交反馈，是和吃饭、睡觉同样重要的基本需求，长时间缺乏与他人的积极互动，可能会导致诸如焦虑、恐慌等不良情绪，以至于需要更多的外部短期刺激来缓解这种情绪，从而形成恶性循环。因此，建立良好的人际关系和持续的亲密关系，对我们来说是非常必要的。不过在认识到维护人际关系重要性的同时，不可盲目行动、操之过急，就像农民们顺应天时地利，才能在秋季收获果实。人际交往也是一样，不管是交朋友、谈恋爱、结婚，每一步都需要我们以纯粹的感情去对待，仔细体会过程中自我的心理状态变化和关注他人的情绪、想法、态度等。以我自己为例，在上大学时，因为性格等因素，我没有可以同进同出的好"姐妹"，当时觉得特别没有安全感，但现在看来其实没有什么。那时，我每天黏着同寝室的一个室友，迫切地想要拉近彼此的关系。就在我以为自己终于找到一个"好朋友"时，我们发现彼此的观念有很大差异，经常为大大小小的事情吵架。终于，我们背对背走向了相反的方向。但我们都是在真心对待彼此，只是还不知道怎样处理彼此间的小矛盾。

可见，我们既不能完全封闭自己，拒绝与他人建立人际关系，也不能刻意地去按照自己的样子去打造一段亲密关系。我们需要在生活中多与人交流沟通，并不断在与人接触和建立关系的过程中用心去辨别、去磨合、去思考，选择合适的人去交往。这样既能保持自己的本真，也能促进彼此成长。

## 19. 考研是你只能选择的路吗？

**【案例导入】**

小刘终于下决心考研。接下来的一个学期，他搜集了很多考研相关的信息，每天备考5~6小时，每周还给自己放1~2天假，干点自己喜欢的事情。早上有课就早起，没有课就赖一下床，晚上学到差不多的时候就回去练练瑜伽，感觉备考的日子并没有那么难熬。他心想，考研是很重要的事情，但也不能因此完全放弃生活。

转眼到了五月底，毕业季与炎热的天气一起到来，开始让小刘变得浮躁。去吃饭的时候，看到图书馆前的台阶上学长学姐穿着学士服开心地拍照，他在心里猜想，他们中应该有很多人实现了考研升学的目标，正满心欢喜地等待着开启下一阶段的新生活吧。想到这，一股热血涌上心头。可转身离开没多久，他又觉得有些失落，自己的前路还不确定。

**【问题探讨】**

与学生们交流，其中有些同学是已经考研上岸的，有的正在准备考研，有的今年没考上想要"二战"。我问他们为什么要考研，他们给出的答案各不相同。

首先是为了缓解焦虑。有的学生读完四年大学，仍旧不清楚自己为什么选这个专业，也不了解自己专业领域的发展前景，更谈不上对这个行业有所热爱。大学的学习相对自由，当没有兴趣作为向导时，学生可能难以保持良好的学习习惯，从而在学业上遭遇挫折，陷入迷茫的状态。在这样的情况下，他们可能会通过考研来缓解未来的不确定性带来的压力。

其次是受学历至上观念的影响。人们普遍认为，高学历更容易找到好工作。但实际上，学历高低与一个人是否成功并没有绝对的关系。在有能力的前提下，高学历是锦上添花，但是如果自身综合素质不强，仅靠学历也难以应对社会上激烈的竞争。研究生的学习也是有压力的，近年来，网络上经常出现硕士生或博士生因为无法顺利毕业而采取过激行为的新闻。为了逃避就业压力而选择考研，也是一条并不轻松甚至自己也并不喜欢的路。

再次是听从爸妈的意见。有同学说，他想考研是因为爸妈想让他考研。很多学生当初报高考志愿时，是由爸妈一手主导的。现在大学毕业了，他们又继续安排下一站。如果认同爸妈的安排，那听他们的意见当然没问题。但如果不认同，那就要想想，自己心里想要的到底是什么，要学着替自己做决定。

还有人是受从众心理的影响。作为群体中的一员，我们或多或少会受他人行为决策的影响。对于大学生而言，同学与室友的影响是比较大的。一个宿舍的室友都在备战考研，那自己不考研就容易显得格格不入。但盲目追随同学的做法也不尽合适，要努力理解自身的真实需求，而不是将他人的意见视为我们做决策的主要依据。

最后是受兴趣驱动。如果你是对你所学的专业感兴趣，希望能够在这个领域里面继续深造，那是值得去支持的。

考研这条路很辛苦，如果你考研的目标不明确，学习的动力不够强，那你的考研备战之路就会万分艰辛。这个时候，也许不仅仅是能不能考上的问题，你还会陷入痛苦的境地，首先是心理上的痛苦，然后诱发生理上的不适。

那么应该如何对待考研呢？我们在什么时候应该选择或放弃考研呢？

首先，要努力发现和培养专业兴趣。比如，积极参与课外实践，多与专业课老师交流，去看更多的书，去更全面地认识这个社会，认识我们所生存的世界，努力充实地度过大学生活。这样的话，你就不至于因为空虚而选择用考研来逃避未来。用一件事情来避免另一件事情，一般是很难奏效的。

其次，如果打算考研，请尽量花一些时间与自己独处，认真倾听内心的声音。可以拿一张纸，把自己选择考研的理由全部意识流般地写出来，然后去看看这个选择是否真的发自内心：这是你的选择，还是他人替你做出的选择？如果是你自己的选择，那么就要不忘初心，继续努力；如果是他人的选择，也许就需要一些勇气，试着做出属于自己的选择。

再次，无论是真心想考研，还是被迫去考研，考研复习的过程一定是艰难的，毕竟难走的才是上坡路。有四个应对考研压力的小技巧：第一，既要制订远大目标，也要制订"跳一跳，够得着"的阶段性目标，也就是不要把自己逼得太狠，要学会循序渐进。第二，在认知上接纳这样的一个观点：复习备考的过程很辛苦，我会有各种情绪波动，这是正常的。做好充分的心理准备，在负面情绪来临时就可以积极应对。第三，与一起考研的朋友互相支持，经常和他们交流，分享真实的感受。其实大家都一样，彼此的陪伴可以减轻痛苦和压力。第四，学会关注自己的情绪，每天花一分钟省察自己的情绪，并做好记录。坚持下来就能够保证情绪的畅通，而情绪的畅通是心理健康的重要指标。

考研不是生活的全部，下面分享一段学生写的话给大家："任何事情都不能是生活的底色，生活应该就是生活本身。人生漫漫，今后我们也许会遇到很多这样值得奋斗的事情，会经历很多个痛苦难熬的夜晚。这些事情值得我们付出精力与时间，但我们应该以一个平和的心态去面对它，将它化作生活的一部分，我们在闲余之际仍然可以去做一些我们想做的事……我可能没有什么特别高远的理想，也不知道自己将去何方，我只知道我要趁着现在的时光，去做自己想做的事，去看自己想看的景，去追求自己想要的远方！"

## 【老师评说】

名著《小王子》里有这样一句话："每一个人都有自己的星星，但其中的含义却因人而异。"梦想不分大小，努力不分贵贱。考研、工作、出国深造等选择都可以成为一名大学生的梦想。

只要通过自身努力并以正当渠道取得成功、实现梦想,就应当被认可和鼓励。这世界上没有绝对的东西,所以先认清自己,然后再去选择你想选择的道路,不要给努力烙上统一的、标准化的优劣标签,为了梦想而努力奋斗就是幸福的人生。

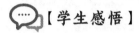【学生感悟】

## 彷徨不再,心梦依旧

文/邓春华(素质班第二届成员)

记得刚进大学时,住在对门的大三学长就经常正儿八经地跟我们谈他们的各式经验。当时觉得有点可笑,对他们的话将信将疑。但有句话我倒是印象深刻。他这样总结大学每个年级的特点:大一,认识大学;大二,学习大学;大三,迷茫大学;大四,逃离大学!

大一,我们刚刚离开高中紧张的氛围和整齐划一的节奏,需要熟悉陌生的校园环境,适应丰富多彩的大学生活;大二,我们已经对校园有了很多了解,此时应该调整好心态,踏实学好专业知识,积极参加社会实践,在学校和社会两个课堂里提升自己;大四,那就是在考研和求职之间寻找自己的前程。离开了大学校园,我们就踏上了另一个起点,开始了一段崭新的征程,失去了任何保护和依赖,这时需要我们独立去面对一切。那大三呢?

大三,在我的脑海中,实在无法找出恰当的形容词来描述它。学习?对,学习依然重要,但是工作压力已经迎面扑来。求职?这还远没到毕业之时,过早地离开校园会显得草率。一切都还未知,一切都还显得为时过早。迷茫,对,就是迷茫这种状态!此时的我们,彼此之间的差异已经日趋分明,但内心都充斥着犹豫与彷徨,仿佛永远无法平衡的称,忽上忽下,忽左忽右。

但是，这段岁月又显得那么重要，对我们的未来和命运有着关键的影响。如果我们因为迷茫而虚度，因为犹豫而放弃，因为踌躇而停滞，那很可能半生都将茫然无措。

看看我们身边的同学吧。

那些立志考研的学生已经将自己的战场从课堂转向了图书馆，每天清晨准时起床，忙碌于课堂和图书馆之间，辛苦地报名各类教学班，聆听各类冗长的讲座。那些一心求职的伙伴们则已经蜂拥而出，将自己的身影投向闹市的大街小巷，手里握着似乎永远没法发完的传单，端着无法放下的碟盘，卖力而又嘶哑地叫喊着。无论结果怎样，相信这些曾经努力和奋斗过的朋友们不会懊恼和沮丧，因为他们都曾为自己的梦想和未来而战。他们都有着自己的信仰，有着坚定的希望。

而当我将眼光投向更远的角落，发现还有那么一群人。他们对于考研不抱任何奢望，对于工作又不愿意过多想象，不明白自己需要什么，也不知道自己拥有什么。他们热衷于魔兽世界的技能，传奇里的装备，劲舞团里的旋律。未来与理想，都见鬼去吧！在他们看来，既然过去什么都未曾拥有，未来自己又全无把握，现在还不如尽情地去享受。还常常聊以自慰地说：世上本无事，庸人自扰之！这，是我所期待的吗？

我是一个学生，更是一名青年。要想拥有自己的一席之地，就必须亲手创造出自己的事业。这是一个充满未知和希望的年代，一个饱含激情的年代，一个可以大胆想象的年代，回想大三这特殊的一年，我不再踌躇。生命之所以璀璨，不在其华丽，而在其厚重。人生之所以伟大，不在其财富，而在其传奇。果敢地迈出每一步，足迹方能坚定。充实地过完每一天，人生才会无憾！

人生四段，大学四年，相互映衬，互为镜像。如果你丢失了过往，请不要再抛弃未来。从现在开始，从"大三"开始，用实干找回失去的未来。

彷徨不再，心梦依旧。

## 20. 躺平即正义吗?

**【案例导入】**

飞飞39岁,独居在一个小城中10平方米左右的小单间里。每月房租160元,没有厨房,厕所是公用的。她在早上六七点起床,起床前会在床上胡思乱想一会。每天只吃午餐,在自己的房间里用电磁炉做饭,食材是上午买的当季最便宜的,比如冬天的大白菜、夏天的蒜薹。其余时间都是放松休闲的时间,看看小说,散散步,晚上十一点左右睡觉。这种生活已经持续了八年。在辞去了固定的工作后,她就选择了这种不工作、不社交,也不买衣服和化妆品的"躺平"式生活。

**【问题探讨】**

同案例中的飞飞一样,一名网友在百度贴吧发布了一则标题为"躺平即正义"的文章,短短二百多字,却在网络世界掀起了更大范围的讨论。文中,作者自述自己失业两年,但不再找工作,也没感受到压力。他指出,社会对青年施予的压力,例如收入、婚姻等方面的压力,是一种强加在青年身上的传统桎梏。他还批评这个社会不重视人的主体性,不容许人理性、有力、自主地掌握自己的命运,因此他提倡"躺平"哲学,减少物欲,拒绝攀比,专注在自己极低消费的生活上。

《南方日报》随后发表评论文章《"躺平"可耻,哪来的正义感?》,承认年轻人面对着与父辈完全不同的处境,他们会自然而然生出渺小感、无力感、无奈感,适当调侃和宣泄是合理的。不过,如果将"躺平"和近来网络上兴起的"丧文化"等同,意指一种对生活没有欲求、无所事事、拒绝上进的状态，那就需要谨慎对待。面对众多的机会，青年仍须上进，努力自我实现，"躺平"是不可取的。

有网友将"躺平"和"内卷"联系在一起，认为"躺平"是不负责任的，而"内卷"是有益社会的，因为内卷恰恰说明社会上有通过竞争获得阶层上升的机会，否则阶级固化，怎样努力都是白费力气。"内卷"只是社会从中获得收益而不得不支付的成本。但网友的这一说法却遭到了人们的一片吐槽。有人说他偷换概念，合理竞争不等于无序内卷。有人讽刺他是既得利益者在说着"何不食肉糜"。

这里暂不论上述观点是否正确，对于年轻人来说，支持"躺平"，可能只是在表达一种希冀，希冀能在被工作和生活按在地上摩擦后，获得片刻的喘息，享受那少有的独属于自己的"小确幸"时光。也许，适当"躺平"，才有力气重新开始。对此，有以下几点建议。

首先，要认识到没有付出，哪有收获。作为新时代的青年，可以暂息，但拒绝气馁，在生命的行程中，要认准自己在社会中的坐标，将使命感和责任感融入行动，战胜自身的弱点和惰性，锲而不舍，奋斗进取，不为碌碌无为而悔恨一生。

其次，要争做有理想抱负的青年。在历史洪流中，有了理想和信仰，才能抵达梦想的彼岸，"青春岁月就不会像无舵之舟漂泊不定"。新时代的青年要树立对马克思主义的信仰，对中国特色社会主义的信念，对中华民族伟大复兴中国梦的信心，胸怀忧国忧民之心、爱国爱民之情，不断奉献祖国、奉献人民。尤其是要自觉树立和践行社会主义核心价值观，扣好"人生第一粒扣子"，在大是大非面前，守住"主心骨"。

最后，要争做有历史担当的青年。揆诸百年，恐怕世界上很少有哪个政党的命运与青年如此紧密相连。一代又一代青年不负国之希冀，不负国之梦想，担负着历史的重担前行。进入新时代，中国人民拥有了前所未有的道路自信、理论自信、制度自信、文化自信，新时代的青年必能在党的引领下共创国家和民族荣光。

## 【老师评说】

我们处在一个快速变革的时代,青年人承担着更大的责任和面临着更大的困难。面对各种压力,部分青年陷入了迷茫和挣扎中,生活上焦头烂额,心理上焦虑和无力。但,"躺平"真的有用吗?

"躺平",看似一种简单和自足的生活,实则失去了生命的活力。经济社会的发展是一个波浪式前进的过程,我们每个人的人生也是一样。起起落落、高高低低都是人生的常理。在一部电影中,主人公给鞋子取了个名字:左边这只叫"难",右边那只叫"佳"。因为生活总是一步难、一步佳,难一步、佳一步,步步难、步步佳。

平淡无奇的人生没有关系,每一次叹气、每一次崩溃、每一次想要放弃但又坚持下去的汗水,都是我们努力生活的证据。关键是你相信什么,就会成为什么。哪怕前路漫漫,我们也要给自己鼓劲,给自己信心,为梦想奋不顾身,迈出一小步,再一小步……我们总会在不远的地方,看到更多光亮。

## 【学生感悟】

### 大学四年,愿你不负流年

文/刘艳芳(素质班第九届成员)

身为大学生的我们,已经不再像中小学时那样需要老师时刻管着我们,我们有自己的思想,有自己的兴趣爱好,可以去做我们想做的事。然而在面对更加自由的时间安排时,很多人却变得不知所措,也许是刚刚脱离了高考,突然的自由让我们不太适应。其实,大学生对待时间,就像是企业对待经营业务一样,应该具备"成本与价值"的观念,注重时间的机会成本,提高时间利用率,使时间价值最大化。

我们刚到大一的时候，由于生活时空发生了很大的变化：由一个认知领域、交往活动范围等较为狭窄的天地进入一个见识较为广博、交往活动范围较为广阔的环境，由课业、考试及各类活动均由老师统一安排的环境，转变为需要自己合理设计和安排学习、生活的环境。面对这种突如其来的自由，很多人像刚挣脱笼子的鸟一样，毫无节制地放飞自我，以至于在懵懂和迷茫中虚度了不少的光阴。光阴如流水，人生如蜉蝣。四年的大学时光转瞬即逝，就像我们刚刚结束的高中生活一样，悄无声息地溜走，因此我们要好好地规划大学生活，让这段青春时光有迹可循。

我们要有一个明确的目标，不管是学习成绩方面，还是个人成长方面，抑或是感情方面。我们要知道该怎么做，知道自己的时间和精力应该如何分配。一个人贵在知道自己应该去干什么。大学同样是一个展现个性和施展才华的大舞台，我们要好好把握并利用它提供的各种机会，培养个人能力，充分发挥我们的潜能，用心对待生活和学习中的每一件事。

身处大学的我们，拥有体验生活的主动权。我们可以读想读的书，看想看的景，做想做的事，让自己更加快乐开心！

附

"湖北经济学院大学生综合素质培养班"培养方案

附:"湖北经济学院大学生综合素质培养班"培养方案

## 一、培养条件、宗旨和目的

培养条件：自愿、诚信、意志。

培养宗旨：忙起来，学起来，快乐起来。

培养目的：在努力学好专业知识的同时，采取一系列具体的措施，用养成教育促使学生良好习惯和高尚情操的形成，为社会培养全面发展的公民。

## 二、活动主体

培养对象：湖北经济学院在校本科生。

## 三、培养时间

培养时间：两年为一届。

## 四、素质班的刊物

《大学记忆》

## 五、培养方案

1. 每天早晨 7：00 之前起床，晚上 11：00 左右就寝（不早于 10：00，不晚于 12：00），节假日除外。养成良好的学习、生活习惯，为做好其他事情提供时间保障。

2. 每天看新闻 20 分钟，并用 10 分钟为感受最深的一则新闻撰写评论，字数约 100 字。了解最新国际、国内时事动态，学会用智慧的眼睛和思辨的头脑观察社会，了解世界，保证思想总是走在时代前列。

3. 每周运动 5 个小时（不少于 3 天），掌握一项运动的基本技术和技能。运动不仅能强身健体，而且能提高学习效率，提高生命质量。在运动中感受生命的快乐。

4. 每个月做一次义工，时间不少于两个小时。培养爱心，学会施善于人，心怀感恩之心。

5. 每两个月参加一次朗诵或演讲，文章自选。提高朗诵、演讲水平，培养语言表达能力及勇敢、自信的品质。

6. 每两个月参加一次讨论或辩论，对自己的所见所闻、所思所想发表见解。真理是愈辩愈明的，在讨论和辩论中，提高自己的思辨能力。

7. 每两个月观看一部优秀影片，每学期写一篇影评。培养艺术鉴赏能力和审美能力，陶冶情操，洞察社会。

8. 每两个月读一本书，并写出至少 1500 字的读后感。提高阅读和写作能力，提升自己的修养和气质。

9. 每学期制作一期海报，学会策划、设计、整理、归纳。

10. 每一个成员结交一位优秀的师长。向优秀的人看齐，知道前进的方向。

11. 每一个成员结交几位值得信赖的朋友、同学。

12. 每一个成员所在的寝室要积极创建文明、安全、卫生寝室。学会与人相处，珍惜同窗之情。

13. 每学期写两封信，一封写给家人，另一封写给自己曾经的同学。

14. 每学期至少听 4 次讲座。

15. 每学期学会唱一首新歌，每年学会跳一支舞。

16. 每学年参加一次校际交流活动。感受不同的校园文化和校园精神。

17. 每学年进行一次社会调研，写出不少于 3000 字的社会调研报告。走向社会，了解社会，研究社会，用所学知识回报社会。

18. 每一个人在大四之前参加一次招聘会。感受招聘会现场的气氛，了解市场对人才的需求。

19. 每年一次旅行，游览祖国山水，培养爱国主义情怀和民族情感。

20. 每一年利用节假日外出打工，并记录一个月在校的开支情况。知道金钱的作用和价值，从而懂得珍惜每一分钟、每一分钱。